"十二五"辽宁省重点图书出版规划项目

四川省财政厅会计科研项目（2021SCKJKT-004）研究成果

三友会计论丛 第19辑

U0674904

水利事业单位风险评估及内部控制集团化转型实施指南

唐大鹏 朱泽华 万忠海 主 编

叶生进 敬康凌 刘翌晨 副主编

东北财经大学出版社

Dongbei University of Finance & Economics Press

大连

图书在版编目（CIP）数据

水利事业单位风险评估及内部控制集团化转型实施指南 / 唐大鹏，朱泽华，万忠海主编. —大连：东北财经大学出版社，2023.1
（三友会计论丛·第19辑）
ISBN 978-7-5654-4808-9

Ⅰ.水…　Ⅱ.①唐…②朱…③万…　Ⅲ.水利系统-行政事业单位-管理体制-研究-中国　Ⅳ.F426.9

中国国家版本馆CIP数据核字（2023）第041100号

东北财经大学出版社出版
（大连市黑石礁尖山街217号　邮政编码　116025）
网　　址：http://www.dufep.cn
读者信箱：dufep@dufe.edu.cn
大连永盛印业有限公司印刷　　　东北财经大学出版社发行
幅面尺寸：170mm×240mm　　字数：104千字　　印张：9.5　插页：1
2023年1月第1版　　　　　　　　　　2023年1月第1次印刷
责任编辑：王　丽　　　　　　　　　责任校对：王　烨
封面设计：原　皓　　　　　　　　　版式设计：原　皓

定价：48.00元

出版者的话

　　随着我国以社会主义市场经济体制为取向的会计改革与发展的不断深入，会计基础理论研究的薄弱和滞后已经产生了越来越明显的"瓶颈"效应。这对于广大会计研究人员而言，既是严峻的挑战，又是难得的机遇。说它是"挑战"，主要是强调相关理论研究的紧迫性和艰巨性，因为许多实践问题急需相应的理论指导，而这些实践和理论在我国又都是新生的，没有现成的经验和理论可资借鉴；说它是"机遇"，主要是强调在经济体制转轨的特定时期，往往最有可能出现"百花齐放，百家争鸣"的昌明景象，步入"名家辈出，名作纷呈"的理论研究繁荣期和活跃期。

　　迎接"挑战"，抓住"机遇"，是每一个中国会计改革与发展的参与者和支持者义不容辞的责任。为此，我们与中国会计学会财务成本分会、东北财经大学会计学院联合创办了一个非营利的学术研究机构——三友会计研究所，力求实现学术团体、教学单位、出版机构三方的优势互补，密切联系老、中、青三代会计工作者，发挥理论界、实务界、教育界的积极性，致力于会计、财务、审计三个领域的科学研究和专业服务，以期为我国的会计改革与发展做出应有的贡献。

三友会计研究所的重大行动之一就是设立了"三友会计著作基金"，用于资助出版"三友会计论丛"。它旨在荟萃名人力作及新人佳作，传播会计、财务、审计研究与实践的最新成果与动态。"三友会计论丛"于1996年推出第一批著作；自1997年起，本论丛定期遴选并分辑推出。

采取这种多方联合、协同运作的方法，如此大规模地遴选、出版会计著作，在国内尚属首次，其艰难程度不言而喻。为此，我们殷切地希望广大会计界同仁给予热情支持和扶助，无论作为作者、读者，还是作为评论者、建议者，您的付出都将激励我们把"三友会计论丛"的出版工作坚持下去，越做越好！

东北财经大学出版社

三友会计论丛编审委员会

水利事业单位风险评估及内部控制集团化转型
实施指南建设课题组

总顾问　雷　海　黄　晋　李　文　陈惠玲　王　丹

主　编　唐大鹏　朱泽华　万忠海

副主编　叶生进　敬康凌　刘翌晨

编　委　杨　斌　吴　鉴　王　倩　周　焰
　　　　　黄　莉　欧阳端　罗　洁　刘琦云
　　　　　李锐蕊　师亚梅　冯璐璐　张一平
　　　　　徐露茜　范登丽

前言

　　内部控制在人类历史的长河中源远流长，最远可追溯到公元前3600年的美索不达米亚文化，但开展内部控制研究却是近百年的事，从20世纪初市场经济发达的美国于1934年颁布《证券交易法》，到1992年COSO发布《内部控制——整合框架》，再到2004年发布《企业风险管理——整合框架》，内部控制走过了内部牵制、内部控制制度、内部控制结构、内部控制框架四个阶段。美国一直处于该领域领先地位，世界上其他国家在借鉴美国COSO的研究成果基础上相继建立了本国的内部控制体系，对各国的经济发展也起到了很好的促进作用。

　　我国内部控制研究起步较晚，经历了由模仿到本土化的过程。2008年，在参考《内部控制——整合框架》内容的基础上，结合我国国情，五部委颁布了《企业内部控制基本规范》；2010年4月，五部委又制定了《企业内部控制应用指引》《企业内部控制评价指引》《企业内部控制审计指引》，初步构建了我国企业内部控制体系。在企业内部控制研究成果的基础上，2012年，财政部颁布了《行政事业单位内部控制规范（试行）》；2015年至2017年又陆续颁布《关于全面推进行政事业单位内部控制建设的指导意见》《关于开展行政事业单位内部控制基础性评价工作的通知》《行政事业单位内部控制报告管理制度（试行）》，行政事业单位内部控制经过"以评促建""以报促建"的多年探索实践，实现了到2020年"基本建成与国家治理体系和治理能力现代化相适应的，权责一致、制衡有效、运行顺畅、执行有力、管理科学的内部控制体系"的目标。

随着十九届四中全会重申"完善权力配置和运行制约机制"，单位内部控制对"坚持权责法定，健全分事行权、分岗设权、分级授权、定期轮岗制度，明晰权力边界，规范工作流程，强化权力制约"的重要意义引发学术界和实务界越来越多的关注。但由于单位内部控制开展时间不长且数据的可获得性有限，故大多停留在规范性研究的范畴，研究成果也以理论为主，对实际工作指导意义不够强。为更好地践行水利部强调的"要加强从财务检查、内部控制到审计监督的全方位监管"的相关要求，以及四川省水利厅对"持续加强在研究内部控制管理等方面的制度体系建设"的具体要求，都江堰灌区管理单位开展具有自身特色的内部控制研究迫在眉睫。

水利事业单位风险评估及内部控制集团化转型实施指南建设课题组自2016年开始从事单位内部控制建设，现已走过六个春秋，从最初的制度建设到信息化落地，再到现在的持续优化，具备了相当丰富的经验，培养了一批优秀的内部控制研究及建设人员，这些人员均有志于从事责任更重、要求更高的科研任务。2020年，都江堰灌区管理单位（一局八处）被水利部纳入一体化改革试点单位，迎来了制度和管理的革新，以都江堰水利发展中心作为新的管理主体，对都江堰灌区进行综合治理，这也为研究如何建立健全具备集团化特性的事业单位内部控制体系创造了契机。课题组希望抓住改革时机，总结内部控制在一体化事业单位的应用经验，提炼为具有普适性的一体化水利事业单位内部控制集团化转型实施路径，为全国一体化改革提供内部控制工作模式借鉴，进而为我国内部控制研究贡献微薄的力量。

水利事业单位风险评估及内部控制集团化转型
实施指南建设课题组
2022 年 8 月

目录

第一章
水利事业单位内部控制集团化总论

一、 单位内部控制集团化的意义

　　党的二十大报告指出，面对世界百年未有之大变局，我国应当持续深入推进改革创新，着力破解深层次体制机制障碍，把我国制度优势更好转化为国家治理效能。依据《行政事业单位内部控制规范（试行）》相关要求，事业单位应当通过制定制度、实施措施和执行程序，对经济活动的风险进行防范和管控，以合理保证单位运行合法合规等控制目标的实现。面对这一轮政府机构改革整合职能和疫情后政府"过紧日子"的双重压力，事业单位是否可以借鉴国有企业集团化内部控制建设方式，通过集团化运行机制调整单位机关本级与直属单位之间的集权与放权，出台单位法人正式制度，建立健全岗位职责权限和工作流程表单，以承接上级主管部门下放的更多权限，进而有效降低经济损失的发生概率，成为一个值得深入探究的问题。

　　"十二五"以来，财政部先后为企业和行政事业单位出台了内部控制规范及其配套文件，逐步构建起我国内部控制标准体系。随之，国资委发布了诸如《关于加快构建中央企业内部控制体系有关事项的通知》《关于加强中央企业内部控制体系建设与监督工作的实施意见》《关于加强中央企业资金内部控制管理有关事项的通知》，以规范中央国有企业内部控制建设过程，并注重"指导与监督并行、监督与评价结合"的内部控制完善机制，督促各企业持续完善内部控制体系，及时弥补风险管理中的漏洞，对地方国有企业内部控制建设具备一定的指导作用。应当说，在关系国家安全和国民经济命脉的主要行业和关键领域中，各级事业单位与国有企业集团肩负着社会资源调配的关键职责。鉴于二者在重合规、稳就业、保民生、促发展等战略目标，以及保资产、增绩效、防风险等运营目标的相似性，借鉴企业集团内部控制建设和监督的科学方式，实现事业单位内部控制集团化建设，可以在最大程度上实现事业单位机关本级和各直属单位在各个层面内部控制制度设计和运行的一体化。

　　本书着重以四川省都江堰"国际知名、国内一流"灌区榜样建设及灌区一体化管理改革工作开展为契机，坚持统分结合的原则，运用"先搭建 后发展"的模式，阐述如何分析、识别并弥补四川省都江堰水利发展中心（以下简称"都发中心"）改革前各单位内部控制体系存在的潜在风险与不足，以及重构改革后都发中心内部控制体制机制的方式方法，围绕人、业、财、物设计内部控制集团化转型模式。这种模式将较为全面地考虑都发中心管理层级较多、辖内各直属单位与机关本级权力距离的差异化较大、项目的财务绩效需持续提升、信息平台存在孤岛情况等现实因素，借鉴国有企业集团化内部控制体系建设方式，提出事业单位内部控制集团化转型的实现路径，对进一步增强单位项目资金使用效率，提升单位集团化运营抗风险能力，实现直属各单位间的组织协同，为促进灌区及水利行业高质量发展提供经验借鉴和理论支持。

二、单位内部控制集团化的概念

根据《企业内部控制基本规范》的定义，企业集团内部控制是由董事会、监事会、经理层和全体员工实施的，旨在合理保证企业经营管理合法合规、资产安全、财务报告及相关信息真实完整，提高经营效率和效果，促进企业实现发展战略的过程。根据《行政事业单位内部控制规范（试行）》的定义，单位内部控制是单位为合理保证单位经济活动合法合规、资产安全和使用有效、财务信息真实完整，有效防范舞弊和预防腐败，提高公共服务的效率和效果，通过制定制度、实施措施和执行程序，对经济活动的风险进行防范和管控。

根据企业集团内部控制和事业单位内部控制的概念辨析，事业单位内部控制集团化的概念可以界定为：为实现集团化管控目标，单位机关本级和各直属单位的领导班子、中层干部及全体员工通过制定制度、实施措施和执行程序，运用统分相结合的方式对全部经济活动的风险进行统一防范和管控，以免风险在单位机关本级和各直属单位之间传导。

三、单位内部控制集团化的目标

企业集团内部控制目标包括合理保证企业经营管理合法合规、资产安全、财务报告及相关信息真实完整，提高经营效率和效果，促进企业实现发展战略。单位内部控制目标包括合理保证单位经济活动合法合规、资产安全和使用有效、财务信息真实完整，有效防范舞弊和预防腐败，提高公共服务的效率和效果。

综合来看，事业单位内部控制集团化除了要实现规定的单位内部控制目标外，更要着眼于合理保证将单位机关本级和各直属单位在长期发展战略实现过程中的不确定性降至可接受的范围内，以强化单位各级领导班子的合规战略导向责任意识。

四、单位内部控制集团化的原则

单位内部控制原则包括：（1）全面性原则。内部控制应当贯穿单位经济活动的决策、执行和监督全过程，实现对经济活动的全面控制。（2）重要性原则。在全面控制的基础上，内部控制应当关注单位重要经济活动和经济活动的重大风险。（3）制衡性原则。内部控制应当在单位内部的部门管理、职责分工、业务流程等方面形成相互制约和相互监督。（4）适应性原则。内部控制应当符合国家有关规定和单位的实际情况，并随着外部环境的变化、单位经济活动的调整和管理要求的提高，不断修订和完善。

企业集团内部控制原则包括：（1）全面性原则。内部控制应当贯穿决策、执行和监督全过程，覆盖企业及其所属单位的各种业务和事项。（2）重要性原则。内部控制应当在全面控制的基础上，关注重要业务事项和高风险领域。（3）制衡性原则。内部控制应当在治理结构、机构设置及权责分配、业务流程等方面形成相互制约、相互监督，兼顾运营效率。（4）适应性原则。内部控制应当与企业经营规模、业务范围、竞争状况和风险水平等相适应，并随着情况的变化及时加以调整。（5）成本效益原则。内部控制应当权衡实施成本与预期效益，以适当的成本实现有效控制。

综合来看，事业单位内部控制集团化更是要融合企业集团内部控制建设的成本效益特色原则，以达到单位机关本级与各直属单位内部控制集团化建设过程中的投入产出最大化要求，有效控制可能造成单位项目资金流失的潜在风险。

五、单位内部控制集团化的内容

本书结合单位内部控制规范的框架，对事业单位内部控制集团化的内容进行界定。

第一，事业单位内部控制风险评估和控制活动集团化主要是构建多维风险预警及防控措施体系。

一方面，事业单位机关本级和各直属单位的党委会审议作为前置程序，把握总体发展战略；领导办公会作为机关本级和各直属单位中的集体决策机构，把控重大事项潜在风险；专门委员会作为专业力量对机关本级和各直属单位经济活动进行监督与审查，保证单位项目资金支出有效、日常运转合规；机关本级作为业务归口管理节点，全面审核机关本级和各直属单位所有经济业务经办流程及相关单据，及时防范单位合规风险；机关本级和各直属单位全体员工作为业务事项的执行者，主动识别预警并上报经济活动风险防控状态。事业单位以上五方责任主体共同构成了内部控制集团化多维风险预警体系，全面防范单位机关本级和各直属单位间的业务、财务风险。

另一方面，利用内部控制集团化方式将事业单位的人、财、物等重大管控风险集中于机关本级进行识别、评估与应对，各直属单位着重负责权限内项目运行的风险防控，实现机关本级和各直属单位的业务、财务风险统筹监管，分级防范。而在具体风险防范措施上，不仅要注重不同层级单位对内部风险点的防范措施设置情况，还要额外强调机关本级对各直属单位业务执行的风险点是否有效关注与防控，以及对单位内系统性风险防控的措施设置。

比如，首先，从组织层面的控制活动来看，机关本级某项业务归口管理部门的业务审批职务，需要和监督各直属单位业务运行情况的职务相分离，以强化内部控制集团化的制衡与监督作用；机关本级决策机构不仅要将部分经济业务审批权力下放至各本级部门，还要将业务审批权限合理配置到各直属单位相关岗位进行施行，强化合规风险与绩效风险的末端管控；单位还要设立各项业务的归口管理部门，在强化专业技术力量的基础上进一步统一机关本级和各直属单位的业务审核标准，明确各事项的责任主体，便于对业务日常运行情况进行合规检查。其次，从业务层面的控制活动来看，预算控制能够贯穿机关本级和各直属单位所有经济活动，而运营分析和绩效考评两种控制措施则侧重于强化机关本级对各直属单位的项目的运行过程，及各岗位人员工作成效的掌控能力，以防范项目运行的事中与事后风险，完善内部控制集团化业务风险防范体系。最后，从手段层面的控制活动来看，加强机关本级会计机构建设，指导各直属单位会计人员的核算职能履行，全面配合单位项目有序推进；建立全面覆盖单位机关本级各部门、直属单位财产的信息系统，严格监管财产异动情况；机关本级各业务归口部门与内部控制组织实施机构统一设置各项业务流转签批所需的表单格式及票据要求，实现一张审批单从直属单位申请到机关本级签批的有效流转，记录各审核节点的风险核查意见；并将各项业务审核审批结果以及人员考核情况通过内部控制集团化信息系统向相关人员及时公开公示，督促完善内部控制集团化风险防范体系，做到评价有反馈，反馈有应用，加快提升工作及服务质量。

第二，事业单位组织层面内部控制集团化主要是科学统一岗位职责权限。单位通过科学设置风险防控措施，实现对机关本级和各直属单位经济活动风险的有效防范，而设计科学的组织架构、岗位职责以及审批权限，是执行风险防控措施的重要前提。首先，事业单位组织层面内部控制集团化要明确风险防控的顶层设计。通过制定法人制度、设置会签程序明晰机关本级和各直属单位重大事项风险的防范和审批责任，减少或避免由此引发的重大经济损失。其次，事业单位组织层面内部控制集团化要明确风险防控的岗位职责。通过分离决策、执行与监督等不相容职务，最大化利用单位各类技术力量进行资源整合，使得机关本级相关人员充分发挥管理职能以及沟通协调能力，并充分结合预算编制、执行与决算贯穿单位所有业务事项的前、中、后时段的特殊性，通过预算资金的匹配与执行，监督各项业务的进展情况，各直属单位相关人员则更多专注于主要业务的执行与日常监管，在预算范围内按照计划有序推进，分别从业务和财务两个角度对单位整体的合规风险与绩效风险进行防范。最后，事业单位组织层面内部控制集团化要明确风险防控的审批权限。机关本级和各直属单位领导班子、中层干部以及全体员工要行使与岗位职责相匹配的权限，使得每个岗位在内部控制集团化体系中发挥风险识别与防控的最大效果，兼顾机关本级和各直属单位绩效目标的实现，加强事业单位内部控制集团化对外界环境变化的动态适应性。

第三，事业单位业务层面内部控制集团化主要是合理整合业财流程表单。单位对机关本级和各直属单位的业务和财务的执行、监督与考核，要按照统一的制度标准进行管理，同时要通过流程表单等方式固化各岗位间、各部门间、各层级单位间的审核审批流程顺序，并记录业财数据流转过程，防止出现越权审批等现象，以较大程度减少或避免由于制度不够健全造成的程序性错误。一方面，事业单位业务层面内部控制集团化是对机关本级和各直属单位所有项目的分级管理。通过统一的程序设置以及表单设计，衔接直属单位提请的关于采购、资产、工程建设、合同、人力资源等业务事项与机关本级各归口管理部门审核审批流程，避免出现流程混乱、业务表单标准不一致等情况，有效整合事业单位对所有业务事项的监管能力。另一方面，事业单位业务层面内部控制集团化是对机关本级和各直属单位所有资金的集中管理。通过收紧预算资金审批权限，调整机关本级财务部门在全部业务事项审批流程中的节点位置，各直属单位相关财务人员只需对业务表单中的申请事项进行预算匹配审查，以及检查相关票据的真实性、合法性和齐备性，由机关本级财务部门统一管理预算及收支事项，统筹防范项目资金使用合规与绩效执行风险。

第四，事业单位信息层面内部控制集团化主要是构建评价监督信息平台。基于相对独立的各直属单位业务管理，以及贯穿于机关本级和各直属单位间的财务管理两套体系，通过信息技术将二者有机结合，以此减少人为因素对内部控制集团化运行带来的潜在负面影响，强化各级领导班子、中层干部和全体员工对业财数据的检视、使用和监督的责任意识。同时，依托业财融合体系，建立能够全面覆盖机关本级和各直属单位的评价监督信息平台，对内部控制集团化运行过程实时监控，建立健全机关本级和直属单位各岗位人员自我评价和评价结果应用的内部控制集团化完善机制，不断优化内部控制集团化运行效率和效果，全面防范单位各类违规、绩效风险。

第二章
水利事业单位内部控制风险评估

一、单位内部控制建设情况评估概述

（一）单位概况

原四川省都江堰管理局（以下简称"都管局"）是四川省水利厅直属的特大型水利工程管理（公益二类）事业单位，承担着都江堰灌区农田、工业、城市生活及其他综合用水的水量计划、调配，灌区规划及工程扩改建、渠道维护管理，水费征收、科技试验、水利综合经营等职能。灌区实际灌面1 030万亩，跨7市37个县（市、区），在四川省国民经济中起着举足轻重的作用。

基于原都管局现有内部控制建设情况及相关资料，本书对其内部控制制度设计情况进行整体研究，梳理单位提供的岗位职责权限及工作流程表单，并从控制环境、风险评估、业务活动、内部监督、信息系统等五个方面进行综合分析。

（二）分析目标

内部控制分析的总体目标是，通过分析原都管局内部控制制度的健全性、合理性和有效性，找出建设的空白点、风险点，为新成立的四川省都江堰水利发展中心的内部控制体系建设提供可参考依据，并促使都发中心切实加强内部控制建设，保证其内部控制体系建设更加完善、合法、合规。具体分析目标如下：

（1）强化内部控制意识，健全内部控制机制，严格落实各项控制措施，确保内部控制制度体系有效运行。

（2）提高风险管理水平，推动发展目标实现并降低不确定性。

（3）增强业务、财务和管理信息的真实性、完整性和及时性。

（4）促进单位严格遵守国家法律法规和单位制定的各项内部管理制度。

（三）分析原则

内部控制分析工作应遵循以下原则：

1. 全面性原则

分析工作涵盖范围应当全面，包括内部控制的设计与执行，涵盖被分析单位的基本经济活动和事项。

2. 一致性原则

分析工作标准、范围、程序和方法等应保持一致，以确保分析结果的客观、可比。

3. 客观性原则

分析工作应当准确地揭示内部管理的风险状况，如实反映内部控制设计和执行的有效性。

4.重要性原则

分析工作应当在全面性的基础之上，着眼于风险，突出重点。

5.及时性原则

分析工作应按照规定的时间间隔持续进行，当内外部管理环境发生重大变化时，应及时重新分析。

（四）分析对象

内部控制分析的对象是单位建立的基本经济活动内部控制制度，分析的目的是对制度的有效性发表意见。所谓内部控制制度有效性，是指单位建立与实施内部控制制度对实现控制目标提供合理保证的程度，包括内部控制设计的有效性和内部控制执行的有效性。

1.内部控制制度设计有效性

内部控制制度设计的有效性，是指为实现控制目标所必需的内部控制制度要素都存在并且设计恰当，分析时应当包含以下几个方面：

（1）制度文本。分析经济和业务活动的决策、执行、监督相关制度文本，是否实现明确分工、相互分离、分别行权，是否存在职责混淆、权限交叉的现象，即"分事行权"。

（2）岗位职责。一是分析涉及经济和业务活动的相关岗位分工制度，是否依职定岗、分岗定权、权责明确，是否存在岗位职责不清、设权界限混淆的现象，即"分岗设权"。二是分析各管理层级和各工作岗位授权审批权限制度，是否依法依规分别授权，明确授权范围、授权对象、授权期限、授权额度、授权与行权责任、一般授权与特殊授权界限，是否存在授权不当、越权办事的现象，即

"分级授权"。三是分析是否明确轮岗范围、轮岗条件、轮岗周期、交接流程、责任追溯等制度要求，建立干部交流和定期轮岗制度，以及不具备轮岗条件的单位是否采用专项审计等控制措施，即"定期轮岗"。

（3）工作流程。分析是否基于对单位基本经济活动的岗位职责分工和权限制度要求，对各关键业务事项制定明确而规范的业务流程并绘制流程图，即"流程控制"。

（4）业务表单。分析是否将关键业务事项标准、岗位职责和工作流程通过表单加以固化与体现，制定完善的表单体系以保证业务进行，确保工作留痕。

（5）信息平台。分析是否充分运用现代科学技术手段加强内部控制，对信息系统建设实施归口管理，将岗位职责、工作流程和业务表单嵌入单位信息系统中，减少或消除人为操纵因素，保护信息安全。

2.内部控制制度执行有效性

内部控制制度执行的有效性，是指现有内部控制相关制度按照规定的流程表单得到了正确执行。执行的有效性主要通过业务表单和信息平台加以体现，分析时应当着重考虑以下几个方面：

（1）业务表单和信息平台在分析期内是否按规定执行。

（2）业务表单和信息平台是否得到持续、一致的执行。

（3）执行控制的相关人员是否具备必要的权限、资格和能力。

（五）分析方法

内部控制分析方法应运用于对被分析单位进行现场测试，综合运用比较分析、穿行测试、个别访谈、调查问卷、专题讨论、实地查验、抽样等方法，充分收集被分析单位内部控制设计和执行是否有效的证据，按照内部控制制度分析的具体内容，如实填写分析工作底稿，研究分析内部控制薄弱环节相关制度缺陷。

二、单位内部控制建设风险评估标准

基于前期的政策理论研究与咨询实践经验，本书以财政部《行政事业单位内部控制规范（试行）》为分析框架，对国家和财政部、水利部等部委的各项法律法规进行解构，形成控制环境、风险评估、经济活动、评价与监督、信息与沟通等五个方面，以及具体128个关键节点的内部控制分析标准（详见本书附录）。

判断单位内部控制制度缺陷的风险等级划分标准为：若单位在某项业务的内部控制制度尚未建立，则判定为高风险；若单位在某项业务内部控制制度缺少分析标准中的任一部分对应的所有环节，则判定为中风险；若单位在某项业务内部控制制度缺少分析标准中的任一部分对应的至少一个环节，则判定为低风险。

基于调研所获得的资料，设定若单位在各项基本业务内部控制制度中没有提及相应实际岗位职责、具体工作流程以及业务表单的文字表述，则视单位在该业务的岗位职责、审批流程及业务表单的设置上存在不足，存在制度执行有效性不足的风险，风险等级为低，单位需及时完善相应制度设计，并确保制度有效执行。

三、单位内部控制有效性分析的整体说明

（一）内部控制设计有效性

从整体看，单位通过对制度文本、岗位职责、工作流程、业务表单及信息系统进行设计，建立了基本完整的内部控制体系。

在制度文本方面，单位的制度设计覆盖了控制环境、风险评估、经济活动、评价与监督、信息与沟通等方面的基础内容，基本达成了"分事行权"的要求。

在岗位职责方面，单位涵盖所有部门及岗位的岗位职责清单及权限指引存在缺失，本书将通过梳理制度文本确定单位是否明确了相应岗位职责，对是否达成"分岗设权"进行分析而无法对单位是否达成"分级授权"要求发表意见。

在工作流程方面，单位与全部关键业务审批流程相关的流程图存在缺失，项目组将通过分析现有制度以及提供的材料对单位是否达成了"流程控制"要求发表意见。

在业务表单方面，单位与全部关键业务审批流程相关的业务表单存在缺失，本书将通过分析现有制度以及提供的材料对单位是否使分事行权、分岗设权、分级授权和流程控制有一个清晰的载体发表意见。

在信息系统方面，单位在基本业务关键领域部分部署了内部控制信息系统，因此本书将通过分析各业务系统运行界面相关信息，对单位是否通过信息化方式确保内部控制体系有效运行发表意见。

（二）内部控制执行有效性

从基本经济活动的制度整体建设情况来看，虽然单位在制度文本中表述建立了部分工作流程和业务表单，并部分通过内部控制信息系统的运行在一定程度上表明了内部控制执行过程。但是单位在内部控制设计方面存在的缺陷，导致内部控制有效执行缺乏长效管理机制，仍然存在人为因素干扰的可能性，单位内部控制执行有效性存在不足。因此本书后续部分将主要从制度设计角度对单位内部控制建设情况进行分析，对单位内部控制信息系统的建设情况仅在第四章作简要分析。

第三章
水利事业单位控制环境有效性分析

一、机关部门控制环境有效性分析

（一）发展规划

单位关于内部控制建设及单位建设部分制度文件均缺失。

（二）组织架构

单位有关组织架构的制度包括《四川省都江堰管理局关于成立局内部控制工作领导小组的通知》《四川省都江堰管理局岗位设置与聘用实施细则》。

在组织架构制度设计的有效性方面，单位通过制度文本建立了较为完整的组织架构体系。

（三）运行机制

单位有关运行机制的制度包括《中共四川省都江堰管理局委员

会议事规则》《四川省都江堰管理局"三重一大"制度（试行）》《四川省都江堰管理局党风廉政建设纪律规定》《四川省都江堰管理局签报管理办法（试行）》。

单位关于权力配置和运行制约部分中"分岗设权、分级授权、定期轮岗、专项审计"环节的制度文件或有关机制正在运行的证明材料均缺失。

（四）关键岗位与人员

单位有关关键岗位与人员的制度包括《四川省都江堰管理局中层干部选拔任用和管理办法》。

单位关于"内部控制培训、职业道德教育和业务培训、退出机制"环节的制度文件或证明材料均缺失。

（五）会计与信息系统

单位有关会计与信息系统的制度包括《四川省都江堰管理局会计电算化管理制度》。

单位内部控制信息系统运行上线的模块包括：预算管理、收支管理、采购管理、合同管理四项，在资金支出的合规控制、超标准支出控制、超预算支出控制以及跨岗位权限审批控制方面起到了一定的防控风险的作用，通过内控系统运行实现了部分制度的落地运行。存在的问题包括：由于机构改革等原因，内控制度的具体工作成果停留在制度建设完善阶段，预算、收支、采购、资产、项目与合同管理制度的执行落实还不到位，不能满足改革后的单位内部管理实际需要。

二、直属单位控制环境有效性分析

（一）发展规划

各单位关于内部控制建设及单位建设部分制度文件均存在缺失。

（二）组织架构

各单位有关组织架构的制度包括《四川省都江堰东风渠管理处关于成立 2021 年度内部控制工作领导小组成员的通知》《四川省都江堰东风渠管理处单位部门责任清单》《四川省都江堰东风渠管理处岗位说明书》《关于调整四川省都江堰人民渠第一管理处内部控制工作领导小组的通知》《四川省都江堰人民渠第一管理处关于印发内设机构和内设机构工作职责》《四川省都江堰人民渠第一管理处担负管理任务管理岗位职员管理暂行办法》《四川省都江堰人民渠第一管理处内设机构变动后工作职责及相关人员归口管理的通知》《四川省都江堰人民渠第一管理处关于印发纪委办公室、审计科工作职责的通知》《四川省都江堰人民渠第二管理处关于调整内部控制工作机构的通知》《四川省都江堰人民渠第二管理处机关科室职能职责》《四川省都江堰外江管理处内设机构和处管单位职能职责》《四川省都江堰外江管理处关于部分内设机构调整的通知》《黑龙滩灌区管理处关于成立内控体系建设工作领导小组的通知》《黑龙滩灌区管理处水利工程管理体制改革定性定岗定员说明书》《四川省通济堰管理处规章制度》。

由于外江管理处及通济堰管理处关于内部控制组织架构的制度文件均存在缺失，因此仅对东风渠管理处、人民渠第一管理处、人民渠第二管理处、黑龙滩灌区管理处在组织架构的制度建设情况进行分析。

基于现有材料，在组织架构制度设计的有效性方面，东风渠管理处、人民渠第一管理处、人民渠第二管理处、黑龙滩灌区管理处通过制度文本建立了较为完整的组织架构体系。

（三）运行机制

各单位有关运行机制的制度包括《四川省都江堰东风渠管理处单位部门责任清单》《四川省都江堰东风渠管理处岗位说明书》《四川省都江堰东风渠管理处关于处班子成员分工的通知》《四川省都江堰东风渠管理处关键岗位轮岗交流制度（试行）》《四川省都江堰东风渠管理处"三重一大"事项议事规则（试行）》《四川省都江堰人民渠第一管理处关于印发内设机构和内设机构工作职责》《四川省都江堰人民渠第一管理处担负管理任务管理岗位职员管理暂行办法》《四川省人民渠第一管理处内设机构变动后工作职责及相关人员归口管理的通知》《四川省人民渠第一管理处关于印发纪委办公室、审计科工作职责的通知》《四川省都江堰人民渠第一管理处廉政风险防控机制建设工作管理表和"三重一大"流程图》《四川省人民渠第一管理处关于印发落实"三重一大"制度实施办法（试行）的通知》《四川省都江堰人民渠第二管理处机关科室职能职责》《四川省都江堰人民渠第二管理处岗位说明》《四川省都江堰人民渠第二管理处分级管理工作规程》《四川省都江堰人民渠第二管理处关于调整领导班子成员分工及分管工作接替制度的通知》

《四川省人民渠第二管理处领导班子议事规则和决策程序》《四川省都江堰外江管理处内设机构和处管单位职能职责》《四川省都江堰外江管理处关于部分内设机构调整的通知》《四川省都江堰外江管理处2016年内设机构和处管单位管理人员配备工作方案》《四川省都江堰外江管理处关于调整处领导分工的通知》《四川省都江堰外江管理处"三重一大"集体决策制度》《黑龙滩灌区管理处"三重一大"决策制度》《四川省通济堰管理处规章制度》《四川省通济堰管理处"三重一大"事项监督管理办法（试行）》。

黑龙滩灌区管理处关于"分事行权"环节，黑龙滩灌区管理处与通济堰管理处关于"分岗设权"环节，东风渠管理处、外江管理处、黑龙滩灌区管理处、通济堰管理处关于"分级授权"环节，人民渠第一管理处、外江管理处、黑龙滩灌区管理处、通济堰管理处关于"定期轮岗"环节，各单位关于"专项审计"环节的制度文件或有关机制正在运行的证明材料均存在缺失。

（四）关键岗位与人员

各单位有关关键岗位与人员的制度包括《人民渠第一管理处关于调整处惩治和预防腐败体系建设领导小组的通知》《人民渠第二管理处科级干部管理办法》《人民渠第二管理处党风廉政建设责任制实施办法》《四川省都江堰人民渠第二管理处关于违反输用水纪律处分的暂行规定》《四川省都江堰人民渠第二管理处职工严重违反纪律政纪处分的暂行规定》《四川省都江堰人民渠第二管理处关于违反档案法律法规的行政处分规定》《四川省都江堰人民渠第二管理处问责制实施办法》《四川省都江堰外江管理处廉政档案管理办法》《四川省通济堰管理处规章制度》《四川省通济堰管理处财务

管理办法》。

各单位关于"内部控制培训"环节，东风渠管理处、人民渠第一管理处、人民渠第二管理处、外江管理处、黑龙滩灌区管理处关于"职业道德教育和业务培训"环节，东风渠管理处、人民渠第一管理处、外江管理处、黑龙滩灌区管理处关于退出机制部分，东风渠管理处、黑龙滩灌区管理处关于考核奖惩机制部分的制度文件或证明材料均存在缺失。

（五）会计与信息系统

各单位有关会计与信息系统的制度包括《黑龙滩灌区管理处会计电算化管理制度》《人民渠第二管理处内控平台操作手册》。

东风渠管理处、人民渠第一管理处、人民渠第二管理处、外江管理处、通济堰管理处关于会计系统部分的制度文件或有关系统运行材料均缺失。

东风渠管理处内部控制信息系统运行模块包括预算管理、收支管理、采购管理、合同管理四项，并于2021年进行了资产管理、项目管理、绩效管理、智能报销、法规库、数字化决策服务等模块的升级改造项目。存在的问题包括：（1）资产分布情况比较复杂，未完成资产的全面清查，无法对资产进行全过程的动态管理；（2）会计核算系统与内控系统接口暂未使用，一定程度上增加了财务人员工作量；（3）全业务收入合同已在系统中进行审核审批，但对应的合同收入未在系统中进行登记。

人民渠第一管理处内部控制信息系统运行模块包括预算管理、收入管理、支出管理、合同管理、采购管理、资产管理、会计核算、建设项目管理等八项业务模块，目前采购管理、资产管理、会计核算、建设项目管理模块已部署完成。存在的问题包括：（1）预算编审系统功能还未启用，年初预算管控还不到位；（2）目前多业务横跨多个系统，各系统的功能还未打通，存在着经办人针对一项内容，分不同系统重复操作的问题，增加工作量，影响了工作效率，另外存在每个系统的数据不够完整的状况，信息利用效果差；（3）各水管站有很多收入合同，相应的收入金额也未通过系统进行收入登记；（4）部分单位的会计科目及辅助核算信息不规范，与新《政府会计制度》要求还有差距；（5）固定资产数据不完整，无法实现对固定资产全过程的动态管理；（6）部分预算指标的开支范围不明确，存在开支范围模糊、超范围开支的风险。

人民渠第二管理处通过 OA 系统实施运行了部分内控管理模块。

外江管理处内部控制信息系统运行模块包括差旅费及其他费用管理、合同管理、采购管理三项。存在的问题包括：（1）收入合同对应的收入未在系统中登记；（2）内控系统与 U8 系统人员信息和支出事项不能完全同步，导致少量数据无法正常传输；（3）固定资产数据不完整，无法实现对固定资产全过程的动态管理。

黑龙滩灌区管理处内部控制信息系统运行模块包括预算管理、收入管理、支出管理、采购管理、合同管理、固定资产管理六项。存在的问题包括：会计核算系统接口未实际使用。

第四章
水利事业单位风险评估有效性分析

一、机关部门风险评估有效性分析

单位关于风险评估相关制度或已完成风险评估的证明材料均缺失。

二、直属单位风险评估有效性分析

各单位关于风险评估相关制度或已完成风险评估的证明材料均存在缺失。

第五章
水利事业单位经济活动有效性分析

一、机关部门基本经济活动有效性分析

（一）预决算管理

单位预决算相关的内部控制制度、审批流程及业务表单等材料均缺失。

（二）收入管理

1.制度分析

（1）整体分析

单位有关收入管理的制度包括《四川省都江堰管理局、都江堰水利产业集团有限责任公司（局本部）收入管理办法》《四川省都江堰水利工程管理条例》《四川省都江堰管理局资金管理办法》，相关内容可概括分为总则、收入管理职责、设立和征收管理、收入预算管理、票据管理、资金管理等部分。

在收入管理内部控制制度设计的有效性方面，单位通过制度文本建立了基本的收入管理内部控制制度体系，但在设立和征收管理、收入预算管理、票据管理和资金管理部分有待完善，见表1（内部控制制度文本缺陷率：43%；内部控制岗位设置缺陷率：67%；内部控制审批流程缺陷率：100%；内部控制业务表单缺陷率：89%）。

表1　　四川省都江堰管理局收入管理内部控制建设缺陷情况

	制度		岗位		流程		表单	
	标准	实际	标准	实际	标准	实际	标准	实际
设立和征收管理	2	1	3	1	3	0	3	1
收入预算管理	1	0	1	0	1	0	1	0
票据管理	1	1	1	1	1	0	1	0
资金管理	3	2	4	1	4	0	4	0
缺陷率	43%		67%		100%		89%	

注：表内"标准"所列示数字为某部分制度内容应当具备的环节数量，"实际"所列示数字为某部分制度内容实际具备的环节数量，两者之差表示制度设计缺陷。

（2）内部控制存在缺陷

制度文本：在管理制度方面，单位缺少对设立和征收管理部分中"调整与取消"环节、收入预算管理部分、资金管理部分中"收入退付"环节的相关规定。

岗位职责：在管理制度中，单位对设立和征收管理部分中"调整与取消"环节、收入预算管理部分、资金管理部分中"收入退付"环节未能明确相应岗位职责。

工作流程：在管理制度中，单位在设立和征收管理部分中"收入征收、调整与取消"环节、收入预算管理部分、票据管理部分、资金管理部分中"收入退付、收入核算"环节未能明确界定相应经济活动的审核审批流程。

业务表单：在管理制度中，单位在设立和征收管理部分中"调整与取消"环节、收入预算管理部分、票据管理部分、资金管理部分中"收入退付、收入核算"环节未曾提及相对应的审批业务表单作为制度有效执行的载体及佐证材料。

2.分析依据

制度文本缺陷中，设立和征收管理部分中"调整与取消"环节需遵照《事业单位财务规则》（财政部令第108号）第十八条，《行政事业单位内部控制规范（试行）》（财会〔2012〕21号）第二十六、第二十七条之规定进行完善；

收入预算管理部分需遵照《中华人民共和国预算法实施条例》（国务院令第729号）第十二条、第十五至第十七条之规定进行完善；

资金管理部分中"收入退付"环节需遵照《事业单位财务规则》（财政部令第108号）第十六至第十九条，《行政事业单位内部控制规范（试行）》（财会〔2012〕21号）第二十七条之规定进行完善。

岗位职责、工作流程及业务表单缺陷，需遵照《行政事业单位内部控制规范（试行）》（财会〔2012〕21号）第十二条之规定进行完善。

3.管理建议

单位应当依据上位法律法规，在内部控制制度中完善收入预算管理、收入退付相关内容，加强收入管理，确保财政及事业收入资金统筹管理，并制定涵盖所有部门及岗位的岗位职责清单，明确各岗位职责范围及审批权限，补充收入管理内部控制制度及相应部分的流程及表单。

存在风险：收入管理制度中设立和征收管理、收入预算管理、资金管理部分不完善。

风险类型：制度设计有效性。

建议性质：需要整改。

风险等级：中。

存在风险：收入管理岗位职责、审批流程及业务表单设置存在不足。

风险类型：制度设计有效性。

建议性质：管理提升。

风险等级：低。

（三）支出管理

1.制度分析

（1）整体分析

单位有关支出管理的制度包括《资金管理办法》《四川省都江堰管理局关于进一步加强干部职工培训管理的通知》《四川省都江堰管理局公务接待管理办法》《四川省都江堰管理局差旅费管理办法》《四川省都江堰管理局会议管理制度》《四川省都江堰管理局、都江堰水利产业集团有限责任公司（局本部）收入管理办法》，相关内容可概括分为总则、管理职责、用款计划、预算管理、资金支付、核算、财务报销管理等部分。

在支出管理内部控制制度设计的有效性方面，单位通过制度文本建立了基本的支出管理内部控制制度体系，但在用款计划、预算管理、资金支付、核算和财务报销管理部分有待完善，见表2（内部控制制度文本缺陷率：47%；内部控制岗位设置缺陷率：50%；内部控制审批流程缺陷率：72%；内部控制业务表单缺陷率：88%）。

表2　　　四川省都江堰管理局支出管理内部控制建设缺陷情况

	制度		岗位		流程		表单	
	标准	实际	标准	实际	标准	实际	标准	实际
用款计划	3	3	3	3	3	2	3	0
预算管理	2	1	2	1	2	0	2	0
资金支付	6	5	5	2	5	1	3	0
核算	4	0	4	0	4	0	4	0
财务报销管理	4	3	4	3	4	2	4	2
缺陷率	47%		50%		72%		88%	

注：表内"标准"所列示数字为某部分制度内容应当具备的环节数量，"实际"所列示数字为某部分制度内容实际具备的环节数量，两者之差表示制度设计缺陷。

（2）设计缺陷

制度文本：在管理制度方面，单位缺少对预算管理部分中"绩效管理"环节、资金支付部分中"资金存放、资金归垫、结转结余"环节、核算部分、财务报销管理部分中"款项退回"环节的相关规定。

岗位职责：在管理制度中，单位在预算管理部分中"绩效管理"环节、资金支付部分中"资金分配与下达、资金归垫、结转结余"环节、核算部分未能明确相应岗位职责。

工作流程：在管理制度中，单位在用款计划部分中"用款计划编制"环节、预算管理部分中"预算管理及绩效管理"环节、资金支付部分中"资金申报与审核、资金分配与下达、资金归垫、结转结余"环节、核算部分中"支出核算"环节、财务报销管理部分中"还款"环节未能明确界定相应经济活动的审核审批流程。

业务表单：在管理制度中，单位在用款计划部分中"用款计划编制、用款计划审核、用款计划调整"环节、预算管理部分中"预算管理和绩效管理"环节、资金支付部分中"资金申报与审核、资金拨付与使用、结转结余"环节、核算部分中"支出核算"环节、财务报销管理部分中"还款"环节未曾提及相对应的审批业务表单作为制度有效执行的载体及佐证材料。

2.分析依据

制度文本缺陷中，预算管理部分中"绩效管理"环节需遵照《四川省财政支出绩效评价管理暂行办法》（川财预〔2009〕92号）之规定进行完善；

资金支付部分中"资金存放、资金归垫、结转结余"环节需遵照《关于进一步加强财政部门和预算单位资金存放管理的指导意见》（财库〔2017〕76号）、《关于规范和加强中央预算单位国库集中支付资金归垫管理有关问题的通知》（财库〔2007〕24号）、《关于进一步完善制度规定切实加强财政资金管理的通知》（财办〔2011〕19号）第三条、《中华人民共和国预算法》（主席令第22号）第四十二条之规定进行完善；

核算部分中"支出核算"环节需遵照《中央财政国库动态监控管理暂行办法》（财库〔2013〕217号）第二十一条、《行政事业单位内部控制规范（试行）》（财会〔2012〕21号）第三十条之规定进行完善。

岗位职责、工作流程及业务表单缺陷，需遵照《行政事业单位内部控制规范（试行）》（财会〔2012〕21号）第十二条之规定进行完善。

3.管理建议

单位应当依据上位法律法规，在内部控制制度中完善绩效管理、资金存放、资金归垫、结转结余、核算、款项退回相关内容，加强支出管理，确保收支两条线管理，加强支出过程管控，防范资金使用风险，并制定涵盖所有部门及岗位的岗位职责清单，明确各岗位职责范围及审批权限，补充支出管理内部控制制度及相应部分的流程及表单。

存在风险：支出管理制度中预算管理、资金支付、核算部分不完善。

风险类型：制度设计有效性。

建议性质：需要整改。

风险等级：低。

存在风险：支出管理岗位职责、审批流程及业务表单设置存在不足。

风险类型：制度设计有效性。

建议性质：管理提升。

风险等级：低。

（四）采购管理

1.制度分析

（1）整体分析

单位有关采购管理的制度包括《四川省都江堰管理局设备物资

管理办法》《四川省都江堰管理局计算机及网络安全管理制度》《四川省都江堰管理局经济合同审计签证实施办法》，相关内容可概括分为总则、采购管理职责、计划和预算、采购、验收、付款、质疑投诉、归档等部分。

在采购管理内部控制制度设计的有效性方面，单位通过制度文本建立了基本的采购管理内部控制制度体系，但在计划和预算、采购、验收、质疑投诉、归档等部分有待完善，见表3（内部控制制度文本缺陷率：38%；内部控制岗位设置缺陷率：73%；内部控制审批流程缺陷率：87%；内部控制业务表单缺陷率：93%）。

表3   四川省都江堰管理局采购管理内部控制建设缺陷情况

	制度		岗位		流程		表单	
	标准	实际	标准	实际	标准	实际	标准	实际
计划和预算	3	2	3	2	3	1	3	1
采购	9	6	9	1	9	1	8	0
验收	1	1	1	1	1	0	1	0
付款	1	1	0	0	0	0	0	0
质疑投诉	1	0	1	0	1	0	1	0
归档	1	0	1	0	1	0	1	0
缺陷率	38%		73%		87%		93%	

注：表内"标准"所列示数字为某部分制度内容应当具备的环节数量，"实际"所列示数字为某部分制度内容实际具备的环节数量，两者之差表示制度设计缺陷。

（2）设计缺陷

制度文本：在管理制度中，单位缺少对计划和预算部分中"绩效管理"环节、采购部分中"委托代理机构、选聘评审专家、采购信用"环节、质疑投诉部分、归档部分的相关规定。

岗位职责：在管理制度中，单位在计划和预算部分中"绩效管理"环节、采购部分中"采购文件编制、委托代理机构、组织形式确定、采购方式确定、选聘评审专家、采购信用、采购合同签订、采购合同履行"环节、质疑投诉部分、归档部分未能明确相应岗位职责。

工作流程：在管理制度中，单位在计划和预算部分中"采购计划、绩效管理"环节、采购部分中"采购文件编制、委托代理机构、组织形式确定、采购方式确定、选聘评审专家、采购信用、采购合同签订、采购合同履行"环节、验收部分、质疑投诉部分、归档部分未能明确界定相应经济活动的审核审批流程。

业务表单：在管理制度中，单位在计划和预算部分中"采购计划、绩效管理"环节、采购部分中"采购文件编制、委托代理机构、组织形式确定、采购方式确定、选聘评审专家、选择供应商、采购信用、采购合同签订、采购合同履行"环节、质疑投诉部分、归档部分未曾提及相对应的审批业务表单作为制度有效执行的载体及佐证材料。

2.分析依据

制度文本缺陷中，计划和预算部分中"绩效管理"环节需遵照《国务院办公厅关于政府向社会力量购买服务的指导意见》（国办发〔2013〕96号）第三条、《关于推进和完善服务项目政府采购有关问题的通知》（财库〔2014〕37号）第五条、《关于做好事业单位政府购买服务改革工作的意见》（财综〔2016〕53号）第三条之规定进行完善。

采购部分中"采购代理机构"环节需遵照《中华人民共和国政府采购法》（主席令第68号）第十六至第二十条、第二十五条，《中华人民共和国政府采购法实施条例》（国务院令第658号）第十二至第十四条、第十六条，《中华人民共和国招标投标法》（主席令第21号）第十二至第十五条，《中华人民共和国招标投标法实施条例》（国务院令第613号）第十一至第十四条，《中央单位政府采购管理实施办法》（财库〔2004〕104号）第二十六条、第二十七条、第三十七条，《政府采购代理机构管理暂行办法》（财库〔2018〕2号）第七至第十三条、第十五条，《财政部关于进一步做好政府采购代理机构资格认定工作的补充通知》（财库〔2013〕190号）第一条、第二条之规定进行完善；"选聘评审专家、采购信用"环节需遵照《中华人民共和国政府采购法实施条例》（国务院令第658号）第三十九条、第四十条、第四十二条、第六十二条，《政府采购非招标采购方式管理办法》（财政部令第74号）第七条，《政府采购评审专家管理办法》（财库〔2016〕198号）第五条、第六条、第七条、第八条、第九条、第十条、第十一条、第三十二条，《评标专家和评标专家库管理暂行办法》（国家发展计划委员会令第29号），《关于在政府采购活动中查询及使用信用记录有关问题的通知》（财库〔2016〕125号）第一条、第二条、第三条，《关于报送政府采购严重违法失信行为信息记录的通知》（财办库〔2014〕526号）第三条之规定进行完善。

质疑投诉部分需遵照《中华人民共和国招标投标法》（主席令第21号）第三十七条、第六十五条，《中华人民共和国招标投标法实施条例》（国务院令第613号）第二十二条、第五十四条，《中华人民共和国政府采购法》（主席令第68号）第五十一条、第五十二条、第五十三条、第五十四条、第五十五条，《政府采购质疑和投诉办法》（财政部令第94号）之规定进行完善。

归档部分中"采购归档管理"环节需遵照《中华人民共和国政府采购法实施条例》（国务院令第658号）第五十二条、第六十三条，《电子招标投标办法》（发展改革委令第20号）第四十九条，《公共资源交易平台管理暂行办法》第十七条之规定进行完善。

岗位职责、工作流程及业务表单缺陷，需遵照《行政事业单位内部控制规范（试行）》（财会〔2012〕21号）第十二条之规定进行完善。

3.管理建议

单位应当依据上位法律法规，在内部控制制度中完善绩效管理、委托代理机构、选聘评审专家、采购信用、质疑投诉、归档相关内容，加强采购管理，确保单位采购按需合规管理，加强采购过程管控，防范采购执行风险，并制定涵盖所有部门及岗位的岗位职责清单，明确各岗位职责范围及审批权限，补充采购管理内部控制制度及相应部分的流程及表单。

存在风险：采购管理制度中计划和预算、采购、验收、质疑投诉、归档部分不完善。

风险类型：制度设计有效性。

建议性质：需要整改。

风险等级：中。

存在风险：岗位职责、审批流程及业务表单设置存在不足。

风险类型：制度设计有效性。

建议性质：管理提升。

风险等级：低。

（五）资产管理

1.制度分析

（1）整体分析

单位有关资产管理的制度包括《四川省都江堰管理局国有资产管理办法》《四川省都江堰管理局计算机及网络安全管理制度》《四川省都江堰管理局设备物资管理办法》《四川省都江堰管理局、都江堰水利产业集团有限责任公司（局本部）收入管理办法》《都江堰水利产业集团有限责任公司投资经营管理办法》等，相关内容可概括分为总则、流动资产管理、固定资产管理、资产管理职责、资产预算管理、长期投资管理、无形资产管理、递延资产管理、资产处置、责任追究等部分。

在资产管理内部控制制度设计的有效性方面，单位通过制度文本建立了较为基本的资产管理内部控制制度体系，在资产配置及使用、预算管理、资产处置、产权登记与产权纠纷处理、资产评估与资产清查、资产报告、货币资金管理、对外投资、其他资产等部分需进一步完善，见表4（内部控制制度文本缺陷率：47%；内部控制岗位设置缺陷率：63%；内部控制审批流程缺陷率：88%；内部控制业务表单缺陷率：82%）。

表4　　四川省都江堰管理局资产管理内部控制建设缺陷情况

	制度		岗位		流程		表单	
	标准	实际	标准	实际	标准	实际	标准	实际
资产配置及使用	2	0	2	0	2	0	2	0
预算管理	2	0	2	0	2	0	2	0
资产处置	1	0	1	0	1	0	1	0
产权登记与产权纠纷处理	2	1	2	0	0	0	0	0
资产评估与资产清查	2	2	2	0	2	0	2	0
资产报告	1	0	1	0	1	0	1	0
货币资金管理	4	2	4	2	4	0	4	1
对外投资	3	3	3	3	2	2	3	1
其他资产	2	2	2	2	2	0	2	1
缺陷率	47%		63%		88%		82%	

注：表内"标准"所列示数字为某部分制度内容应当具备的环节数量，"实际"所列示数字为某部分制度内容实际具备的环节数量，两者之差表示制度设计缺陷。

（2）内部控制存在缺陷

制度文本：在管理制度中，单位缺少对资产配置及使用部分中"资产配置、资产使用"环节、预算管理部分中"资产预算管理、资产绩效管理"环节、资产处置部分、产权登记与产权纠纷处理部分中"产权纠纷"环节、资产报告部分、货币资金管理部分中"库存现金管理、印章管理"环节的相关规定。

岗位职责：在管理制度中，单位在资产配置及使用部分中"资产配置、资产使用"环节、预算管理部分中"资产预算管理、资产绩效管理"环节、资产处置部分、产权登记与产权纠纷处理部分中"产权登记、产权纠纷"环节、资产评估与资产清查部分中"资产评估、资产清查"环节、资产报告部分、货币资金管理部分中"库存现金管理、印章管理"环节未能明确相应岗位职责。

工作流程：在管理制度中，单位在资产配置及使用部分中"资产配置、资产使用"环节、预算管理部分中"资产预算管理、资产绩效管理"环节、资产处置部分、资产评估与资产清查部分中"资产评估、资产清查"环节、资产报告部分、货币资金管理部分中"库存现金管理、印章管理"环节、货币资金管理部分"库存现金管理、银行账户管理、票据管理、印章管理"环节、其他资产部分"应收及预付款管理"环节未能明确界定相应经济活动的审核审批流程。

业务表单：在管理制度中，单位在资产配置及使用部分中"资产配置、资产使用"环节、预算管理部分中"资产预算管理、资产绩效管理"环节、资产处置部分、资产评估与资产清查部分中"资产评估、资产清查"环节、资产报告部分、货币资金管理部分中"库存现金管理、票据管理、印章管理"环节、对外投资部分"对外投资执行、对外投资处置"环节、其他资产部分"应收及预付款管理"环节未曾提及相对应的审批业务表单作为制度有效执行的载体及佐证材料。

2.分析依据

制度文本缺陷中，资产配置及使用部分中"资产配置"环节需遵照《事业单位国有资产管理暂行办法》（财政部令第36号）第十一至第十八条,《关于改革和完善国有资产管理体制的若干意见》（国发〔2015〕63号）第七条、第十一至第十二条、第十五条,《关于进一步规范和加强行政事业单位国有资产管理的指导意见》（财资〔2015〕90号）第十一至第十三条、第十七条之规定进行完善。

资产配置及使用部分中"资产使用"环节需遵照《事业单位国有资产管理暂行办法》（财政部令第36号）第十九至第二十三条,《关于进一步规范和加强行政事业单位国有资产管理的指导意见》（财资〔2015〕90号）第十四至第十六条之规定进行完善。

预算管理部分中"资产预算管理、资产绩效管理"环节需遵照《都江堰市国有资产监督管理暂行办法》（都办发〔2014〕71号）第四条之规定进行完善。

资产处置部分中"资产处置"环节需遵照《事业单位国有资产管理暂行办法》（财政部令第36号）第二十四至第二十九条,《关于进一步规范和加强行政事业单位国有资产管理的指导意见》（财资〔2015〕90号）第十九至第二十条之规定进行完善。

产权登记与产权纠纷处理部分中"产权纠纷"环节需遵照《事业单位国有资产管理暂行办法》（财政部令第36号）第三十六条、第三十七条之规定进行完善。

资产报告部分需遵照《行政事业单位国有资产年度报告管理办法》（财资〔2017〕3号）第二十三条、第二十四条之规定进行完善。

货币资金管理部分中"库存现金管理"环节需遵照《关于进一步加强财政部门和预算单位资金存放管理的指导意见》（财库〔2017〕76号）第二条之规定进行完善。

货币资金管理部分中"印章管理"环节需遵照《国务院关于国家行政机关和企业事业单位社会团体印章管理的规定》（国发〔1999〕25号）第二十五条之规定进行完善。

岗位职责、工作流程及业务表单缺陷，需遵照《行政事业单位内部控制规范（试行）》（财会〔2012〕21号）第十二条之规定进行完善。

3.管理建议

单位应当依据上位法律法规，在内部控制制度中完善资产配置、资产使用、资产预算管理、资产绩效管理、资产处置、产权纠纷、资产报告、库存现金管理、印章管理相关内容，加强国有资产管理，确保国有资产保值增值，避免国有资产流失，防范、化解国有资产管理风险，并制定涵盖所有部门及岗位的岗位职责清单，明确各岗位职责范围及审批权限，补充资产管理内部控制制度及相应部分的流程及表单。

存在风险：国有资产管理制度中资产配置及使用、资产预算管理、资产处置、产权登记与产权纠纷处理、资产报告、货币资金管理部分不完善。

风险类型：制度设计有效性。

建议性质：需要整改。

风险等级：中。

存在风险：国有资产管理岗位职责、审批流程及业务表单设置存在不足。

风险类型：制度设计有效性。

建议性质：管理提升。

风险等级：低。

（六）工程项目管理

1.制度分析

（1）整体分析

单位有关工程项目管理的制度包括《四川省都江堰灌区水利基本建设工程建设管理工作手册》《都江堰灌区水利工程建设质量监督核备和核定工作程序》《都江堰管理局建设工程竣工验收管理办法》《四川省都江堰管理局国有资产管理》《四川省都江堰管理局计算机及网络安全管理制度》，相关内容可概括分为总则、管理职责、灌区规划编制、工程项目确立、工程项目设计及概预算、工程项目实施与监督、资金管理、竣工验收和后评价等部分。

在工程项目管理内部控制制度设计的有效性方面，单位通过制度文本建立了基本的工程项目管理内部控制制度体系，但在灌区规划编制、工程项目确立、工程项目设计及概预算、工程项目实施与监督、资金管理、竣工验收和后评价部分有待完善，见表5（内部控制制度文本缺陷率：10%；内部控制岗位设置缺陷率：100%；内部控制审批流程缺陷率：95%；内部控制业务表单缺陷率：84%）。

（2）内部控制存在缺陷

制度文本：在管理制度中，单位缺少对工程项目设计及概预算部分中"项目预算"环节、竣工验收和后评价部分中"绩效管理"环节的相关规定。

岗位职责：在管理制度中，单位在灌区规划编制部分中"灌区规划"环节、工程项目确立部分、工程项目设计及概预算部分中"初步设计、项目概算、施工图设计、项目预算"环节、工程项目实施与监督部分中"招标管理、工程监理、合同管理、工程施工、

表5　　四川省都江堰管理局建设项目管理内部控制建设缺陷情况

	制度		岗位		流程		表单	
	标准	实际	标准	实际	标准	实际	标准	实际
灌区规划编制	1	1	1	0	1	0	1	0
工程项目确立	1	1	1	0	1	0	1	1
工程项目设计及概预算	4	3	4	0	4	0	4	0
工程项目实施与监督	8	8	8	0	8	0	8	1
资金管理	2	2	2	0	2	0	2	0
竣工验收和后评价	4	3	4	0	1	1	3	1
缺陷率	10%		100%		95%		84%	

注：表内"标准"所列示数字为某部分制度内容应当具备的环节数量，"实际"所列示数字为某部分制度内容实际具备的环节数量，两者之差表示制度设计缺陷。

工程变更、工程质量控制体系、安全责任体系、档案管理"环节、资金管理部分中"资金筹集、工程款支付"环节、竣工验收和后评价部分中"竣工验收、竣工决算、资产移交、绩效管理"环节未能明确相应岗位职责。

工作流程：在管理制度中，单位在灌区规划编制部分中"灌区规划"环节、工程项目确立部分中"可行性研究"环节、工程项目设计及概预算部分中"初步设计、项目概算、施工图设计、项目预算"环节、工程项目实施与监督部分中"招标管理、工程监理、合同管理、工程施工、工程变更、工程质量控制体系、安全责任体系、档案管理"环节、资金管理部分中"资金筹集、工程款支付"环节、竣工验收和后评价部分中"竣工验收、资产移交、绩效管理"环节未能明确界定相应经济活动的审核审批流程。

业务表单：在管理制度中，单位在灌区规划编制部分中"灌区规划"环节、工程项目设计及概预算部分中"初步设计、项目概算、施工图设计、项目预算"环节、工程项目实施与监督部分中"招标管理、工程监理、合同管理、工程施工、工程变更、工程质量控制体系、安全责任体系"环节、资金管理部分中"资金筹集、工程款支付"环节、竣工验收和后评价部分中"竣工决算、资产移交"环节未曾提及相对应的审批业务表单作为制度有效执行的载体及佐证材料。

2.分析依据

制度文本缺陷中，工程项目设计及概预算部分中"项目预算"环节需遵照《基本建设财务管理规定》（财建〔2002〕394号）第五条之规定进行完善。

竣工验收和后评价部分中"绩效管理"环节需遵照《基本建设财务规则》（财政部令第81号）第四条、第十九条、第五十条、第五十一至第五十四条之规定进行完善。

岗位职责、工作流程及业务表单缺陷，需遵照《行政事业单位内部控制规范（试行）》（财会〔2012〕21号）第十二条之规定进行完善。

3.管理建议

单位应当依据上位法律法规，在内部控制制度中完善项目预算、绩效管理相关内容，加强工程项目管理，确保水利工程等建设项目符合法律法规规定，防范、化解工程项目管理风险，并制定涵盖所有部门及岗位的岗位职责清单，明确各岗位职责范围及审批权限，补充工程项目管理内部控制制度及相应部分的流程及表单。

存在风险：工程项目管理制度中工程项目设计及概预算、竣工验收和后评价部分不完善。

风险类型：制度设计有效性。

建议性质：需要整改。

风险等级：低。

存在风险：工程项目管理岗位职责、审批流程及业务表单设置存在不足。

风险类型：制度设计有效性。

建议性质：管理提升。

风险等级：低。

（七）合同管理

1.制度分析

（1）整体分析

单位有关合同管理的制度包括《四川省都江堰管理局经济合同审计签证实施办法》等，相关内容可概括分为总则、合同管理职责、合同订立、合同履行、合同归档等部分。

在合同管理内部控制制度设计的有效性方面，单位通过制度文本建立了基本的合同管理内部控制制度体系，但在合同订立、合同履行、合同归档等部分需进一步完善，见表6（内部控制制度文本缺陷率：56%；内部控制岗位设置缺陷率：86%；内部控制审批流程缺陷率：82%；内部控制业务表单缺陷率：100%）。

表6　　　四川省都江堰管理局合同管理内部控制建设缺陷情况

	制度		岗位		流程		表单	
	标准	实际	标准	实际	标准	实际	标准	实际
合同订立	7	3	7	1	7	1	5	0
合同履行	6	3	5	0	2	0	2	0
合同归档	3	1	2	1	2	1	2	0
缺陷率	56%		86%		82%		100%	

注：表内"标准"所列示数字为某部分制度内容应当具备的环节数量，"实际"所列示数字为某部分制度内容实际具备的环节数量，两者之差表示制度设计缺陷。

（2）设计缺陷

制度文本：在管理制度中，单位缺少对合同订立部分中"履约能力调查、合同谈判、合同备案、合同印章管理"环节、合同履行部分中"合同变更转让与解除、合同验收、合同价款支付"环节、合同归档部分中"合同信息安全保密、合同登记管理"环节的相关规定。

岗位职责：在管理制度中，单位在合同订立部分中"履约能力调查、合同谈判、合同起草、合同备案、合同订立、合同印章管理"环节、合同履行部分中"合同履行、合同变更转让与解除、合同验收、合同价款支付、合同纠纷处理"环节、合同归档部分中"合同登记管理"环节未能明确相应岗位职责。

工作流程：在管理制度中，单位在合同订立部分中"履约能力调查、合同谈判、合同起草、合同备案、合同订立、合同印章管理"环节、合同履行部分中"合同变更转让与解除、合同纠纷处理"环节、合同归档部分中"合同登记管理"环节未能明确界定相应经济活动的审核审批流程。

业务表单：在管理制度中，单位在合同订立部分中"履约能力调查、合同谈判、合同审核、合同备案、合同印章管理"环节、合同履行部分中"合同变更转让与解除、合同纠纷处理"环节、合同归档部分中"合同登记管理、合同归档与保管"环节未曾提及相对应的审批业务表单作为制度有效执行的载体及佐证材料。

2.分析依据

制度文本缺陷中，合同订立部分中"履约能力调查、合同谈判、合同备案、合同印章管理"环节，需遵照《中华人民共和国民法典》第四百七十一条、第四百七十二条、第四百七十三条、第七百零六条，《行政事业单位内部控制规范（试行）》（财会〔2012〕21号）第五十四条之规定进行完善；

合同履行部分中"合同变更转让与解除、合同验收、合同价款支付"环节，需遵照《中华人民共和国民法典》第五百零二条、第五百三十三条、第五百六十二条、第五百六十三条、第六百二十六条、第六百二十七条、第六百二十八条、第六百二十九条、第七百九十三条、第八百四十五条之规定进行完善；

合同归档部分中"合同信息安全保密、合同登记管理"环节，需遵照《中华人民共和国民法典》第五百零一条、第七百零六条之规定进行完善。

岗位职责、工作流程及业务表单缺陷，需遵照《行政事业单位内部控制规范（试行）》（财会〔2012〕21号）第十二条之规定进行完善。

3.管理建议

单位应当依据上位法律法规，在内部控制制度中完善履约能力调查、合同谈判、合同备案、合同印章管理、合同变更转让与解除、合同验收、合同价款支付、合同信息安全保密、合同登记管理相关内容，加强合同管理，防范、化解潜在的诉讼风险，并制定涵盖所有部门及岗位的岗位职责清单，明确各岗位职责范围及审批权限，补充合同管理内部控制制度及相应部分的流程及表单。

存在风险：合同管理制度中合同订立、合同履行和合同归档部分不完善。

风险类型：制度设计有效性。

建议性质：需要整改。

风险等级：中。

存在风险：合同管理岗位职责、审批流程及业务表单设置存在不足。

风险类型：制度设计有效性。

建议性质：管理提升。

风险等级：低。

二、直属单位基本经济活动有效性分析

（一）预决算管理

1.制度分析

（1）整体分析

各单位有关预决算管理的制度包括《四川省都江堰东风渠管理

处预算管理内部控制手册》《四川省都江堰人民渠第一管理处预算管理内部控制手册》《四川省都江堰人民渠第二管理处预算管理办法（试行）》《四川省都江堰外江管理处预算管理内部控制制度》《四川省都江堰黑龙滩灌区管理处预算管理制度》《四川省都江堰黑龙滩灌区管理处预算绩效管理办法》《四川省通济堰管理处预算管理内部控制制度》《四川省通济堰管理处规章制度》，相关内容可概括分为总则、组织结构及职责分工、预算管理、项目申报、预算编审、预算执行、预算调整、决算、预算评价、预决算信息公开、监督等部分。

在预决算管理内部控制制度设计的有效性方面，各单位通过制度文本建立了基本的预决算管理内部控制制度体系，但在预算编制、预算执行、决算、绩效管理部分有待完善，见表 7（内部控制制度文本缺陷率：17%；内部控制岗位设置缺陷率：21%；内部控制审批流程缺陷率：44%；内部控制业务表单缺陷率：83%）。

（2）内部控制存在缺陷

制度文本：在管理制度方面，东风渠管理处、人民渠第一管理处、人民渠第二管理处、通济堰管理处缺少对单位预算编制部分中"财务规划"环节的相关规定，人民渠第二管理处、外江管理处、通济堰管理处缺少对单位预算编制部分中"项目管理"环节的相关规定，人民渠第二管理处缺少对单位决算部分中"决算管理"环节的相关规定。

岗位职责：在管理制度中，东风渠管理处、人民渠第一管理处、人民渠第二管理处、通济堰管理处在单位预算编制部分中"财务规划"环节，人民渠第二管理处、外江管理处、通济堰管理处在单位预算编制部分中"项目管理"环节，人民渠第二管理处在单位决算部分中"决算管理"环节以及绩效管理部分未能明确相应岗位职责。

各单位预算管理内部控制建设缺陷情况

表7

项目	东风渠管理处 制度		岗位		流程		表单		人民渠第一管理处 制度		岗位		流程		表单		人民渠第二管理处 制度		岗位		流程		表单	
	标准	实际	标准	实际	标准	实际	标准	实际	标准	实际	标准	实际	标准	实际	标准	实际	标准	实际	标准	实际	标准	实际	标准	实际
预算编制	3	2	3	2	2	1	2	0	3	2	3	2	2	1	2	1	3	1	3	1	2	1	2	1
预算执行	2	2	2	2	2	2	1	0	2	2	2	2	2	1	1	0	2	2	2	2	2	1	1	1
决算	1	1	1	1	1	0	1	0	1	1	1	1	1	1	1	1	1	0	1	0	1	0	1	0
绩效管理	1	1	1	1	1	1	1	0	1	1	1	1	1	1	1	1	1	0	1	0	1	0	1	0

项目	外江管理处 制度		岗位		流程		表单		黑龙滩灌区管理处 制度		岗位		流程		表单		通济堰管理处 制度		岗位		流程		表单	
	标准	实际	标准	实际	标准	实际	标准	实际	标准	实际	标准	实际	标准	实际	标准	实际	标准	实际	标准	实际	标准	实际	标准	实际
预算编制	3	2	3	2	2	1	2	1	3	3	3	3	2	1	2	1	3	2	3	1	2	0	2	0
预算执行	2	2	2	2	2	2	1	0	2	2	2	2	2	1	1	0	2	2	2	2	2	1	1	1
决算	1	1	1	1	1	0	1	0	1	1	1	1	1	1	1	0	1	1	1	1	1	0	1	0
绩效管理	1	1	1	1	1	1	1	0	1	1	1	1	1	0	1	0	1	1	1	1	1	0	1	0

制度文本缺陷率　17%　　岗位设置缺陷率　21%　　审批流程缺陷率　44%　　业务表单缺陷率　83%

注：表内"标准"所列示数字为某部分制度内容应当具备的环节数量，"实际"所列示数字为某部分制度内容各实际具备的环节数量，两者之差表示制度设计缺陷。

工作流程：在管理制度中，东风渠管理处、人民渠第一管理处、人民渠第二管理处、黑龙滩灌区管理处、通济堰管理处在单位预算编制部分中"财务规划"环节，人民渠第二管理处在单位预算执行部分中"预算执行"环节，人民渠第二管理处、外江管理处、黑龙滩灌区管理处、通济堰管理处在单位决算部分中"决算管理"环节，人民渠第二管理处、黑龙滩灌区管理处、通济堰管理处在单位绩效管理部分，未能明确界定相应经济活动的审核审批流程。

业务表单：在管理制度中，东风渠管理处、人民渠第一管理处、人民渠第二管理处、外江管理处、黑龙滩灌区管理处、通济堰管理处在单位预算编制部分中"财务规划"环节，东风渠管理处、人民渠第一管理处、黑龙滩灌区管理处、通济堰管理处在单位预算编制部分中"预算编制"环节，东风渠管理处、人民渠第一管理处、外江管理处在单位预算执行部分中"预算调整"环节，东风渠管理处、人民渠第一管理处、人民渠第二管理处、外江管理处、黑龙滩灌区管理处、通济堰管理处在单位决算部分中"决算管理"环节，东风渠管理处、人民渠第一管理处、人民渠第二管理处、外江管理处、黑龙滩灌区管理处、通济堰管理处在单位绩效管理部分，未曾提及相对应的审批业务表单作为制度有效执行的载体及佐证材料。

共性问题：在预决算管理内部控制业务表单方面，各单位均未曾提及预算编制部分"财务规划"环节、决算部分"决算管理"环节、绩效管理部分相对应的审批业务表单作为制度有效执行的载体及佐证材料。

2.分析依据

制度文本缺陷中，预算编制部分中"财务规划""项目管理"

环节需遵照《国务院关于深化预算管理制度改革的决定》（国发〔2014〕45号）第三条第二款之规定进行完善。

决算部分中"决算管理"环节需遵照《中华人民共和国预算法》（主席令第22号）第七十四至第八十二条、《中华人民共和国预算法实施条例》（国务院令第729号）第八十三至第八十八条之规定进行完善。

岗位职责、工作流程及业务表单缺陷，需遵照《行政事业单位内部控制规范（试行）》（财会〔2012〕21号）第十二条之规定进行完善。

3.管理建议

相关单位应当依据上位法律法规，在内部控制制度中完善财务规划、项目管理、决算管理相关内容，加强预算管理，确保预算资金使用效果，并制定涵盖所有部门及岗位的岗位职责清单，明确各岗位职责范围及审批权限，补充预决算管理内部控制制度及相应部分的流程及表单。

存在风险：部分单位的预决算管理制度在预算编制部分、预算执行部分、决算部分不够完善。

风险类型：制度设计有效性。

建议性质：需要整改。

风险等级：中。

存在风险：预决算管理岗位职责、审批流程及业务表单设置存在不足。

风险类型：制度设计有效性。

建议性质：管理提升。

风险等级：低。

（二）收入管理

1.制度分析

（1）整体分析

各单位有关收入管理的制度包括《四川省都江堰东风渠管理处收支管理内部控制手册》《四川省都江堰人民渠第一管理处收支管理内部控制手册》《四川省都江堰人民渠第二管理处发票使用管理办法（试行）》《四川省都江堰人民渠第二管理处财务稽核制度》《四川省都江堰人民渠第二管理处印章和发票管理办法（试行）》《四川省都江堰人民渠第二管理处财务工作实施细则》《四川省都江堰外江管理处财务收支统一管理办法》《四川省都江堰黑龙滩灌区管理处收支管理办法》《四川省都江堰黑龙滩灌区管理处收支管理内部控制业务规范》《四川省通济堰管理处收支管理内部控制制度》，相关内容可概括分为总则、组织架构及部门职责、收入管理具体工作要求、收入分类、收入确认等部分。

在收入管理内部控制制度设计的有效性方面，部分单位未能建立基本的收入管理内部控制制度体系，在设立和征收管理、收入预算管理、票据管理、资金管理部分均亟须完善，见表8（内部控制制度文本缺陷率：71%；内部控制岗位设置缺陷率：72%；内部控制审批流程缺陷率：86%；内部控制业务表单缺陷率：92%）。

（2）内部控制存在缺陷

制度文本：在管理制度方面，人民渠第二管理处、通济堰管理处缺少对单位设立和征收管理部分中"收入征收"环节的相关规定，人民渠第一管理处、人民渠第二管理处、外江管理处、黑龙滩灌区管理处、通济堰管理处缺少对单位设立和征收管理部分中"调

表8

各单位收入管理内部控制建设缺陷情况

	东风渠管理处								外江管理处							
	制度		岗位		流程		表单		制度		岗位		流程		表单	
	标准	实际	标准	实际	标准	实际	标准	实际	标准	实际	标准	实际	标准	实际	标准	实际
设立和征收管理	2	2	2	1	2	1	2	0	2	1	2	1	2	0	2	0
收入预算管理	1	1	1	1	1	1	1	1	1	0	1	0	1	0	1	1
票据管理	1	1	1	0	1	0	1	0	1	1	1	1	1	0	1	0
资金管理	3	0	2	2	2	0	2	2	3	1	2	1	2	2	2	2
	制度文本缺陷率 71%		岗位设置缺陷率 72%		审批流程缺陷率 86%		业务表单缺陷率 92%									

	人民渠第一管理处								黑龙滩灌区管理处							
	制度		岗位		流程		表单		制度		岗位		流程		表单	
	标准	实际	标准	实际	标准	实际	标准	实际	标准	实际	标准	实际	标准	实际	标准	实际
设立和征收管理	2	1	2	1	2	1	2	0	2	1	2	1	2	1	2	0
收入预算管理	1	0	1	0	1	0	1	0	1	0	1	0	1	0	1	0
票据管理	1	1	1	0	1	0	1	0	1	0	1	0	1	0	1	0
资金管理	3	0	2	0	2	0	2	0	3	0	2	0	2	0	2	0

	人民渠第二管理处								通济堰管理处							
	制度		岗位		流程		表单		制度		岗位		流程		表单	
	标准	实际	标准	实际	标准	实际	标准	实际	标准	实际	标准	实际	标准	实际	标准	实际
设立和征收管理	2	0	2	0	2	0	2	0	2	0	2	0	2	0	2	0
收入预算管理	1	0	1	0	1	0	1	0	1	0	1	0	1	0	1	0
票据管理	1	1	1	0	1	0	1	1	1	0	1	0	1	0	1	0
资金管理	3	0	2	0	2	0	2	0	3	0	2	0	2	0	2	0

注：表内"标准"所列示数字为某部分制度内容应当具备的环节数量，"实际"所列示数字为某部分制度设计缺陷各实际具备的环节数量，两者之差表示制度设计缺陷。

整与取消"环节的相关规定，人民渠第一管理处、人民渠第二管理处、外江管理处、黑龙滩灌区管理处、通济堰管理处缺少对单位收入预算管理部分的相关规定，东风渠管理处、人民渠第一管理处、人民渠第二管理处、外江管理处、黑龙滩灌区管理处、通济堰管理处缺少对单位资金管理部分中"收入使用"环节的相关规定，东风渠管理处、人民渠第一管理处、人民渠第二管理处、外江管理处、黑龙滩灌区管理处、通济堰管理处缺少对单位资金管理部分中"收入退付"环节的相关规定，东风渠管理处、人民渠第一管理处、人民渠第二管理处、黑龙滩灌区管理处、通济堰管理处缺少对单位资金管理部分中"收入核算"环节的相关规定。

岗位职责：在管理制度中，人民渠第二管理处、通济堰管理处在单位设立和征收管理部分中"收入征收"环节，东风渠管理处、人民渠第一管理处、人民渠第二管理处、外江管理处、黑龙滩灌区管理处、通济堰管理处在单位设立和征收管理部分中"调整与取消"环节，人民渠第一管理处、人民渠第二管理处、外江管理处、黑龙滩灌区管理处、通济堰管理处在单位收入预算管理部分，人民渠第一管理处、人民渠第二管理处在单位票据管理部分，东风渠管理处、人民渠第一管理处、人民渠第二管理处、外江管理处、黑龙滩灌区管理处、通济堰管理处在单位资金管理部分中"收入退付"环节，东风渠管理处、人民渠第一管理处、人民渠第二管理处、黑龙滩灌区管理处、通济堰管理处在单位资金管理部分中"收入核算"环节，未能明确相应岗位职责。

工作流程：在管理制度中，人民渠第一管理处、人民渠第二管理处、外江管理处、通济堰管理处在单位设立和征收管理部分中"收入征收"环节，东风渠管理处、人民渠第一管理处、人民渠第二管理处、外江管理处、黑龙滩灌区管理处、通济堰管理处在单位设立和征收管理部分中"调整与取消"环节，人民渠第一管理处、人民渠第二管理处、外江管理处、黑龙滩灌区管理处、通济堰管理处在单位收入预算管理部分，人民渠第一管理处、人民渠第二管理处、外江管理处、通济堰管理处在单位票据管理部分，东风渠管理处、人民渠第一管理处、人民渠第二管理处、外江管理处、黑龙滩灌区管理处、通济堰管理处在单位资金管理部分中"收入退付、收入核算"环节，未能明确界定相应经济活动的审核审批流程。

业务表单：在管理制度中，东风渠管理处、人民渠第一管理处、人民渠第二管理处、外江管理处、黑龙滩灌区管理处、通济堰管理处在单位设立和征收管理部分中"收入征收、调整与取消"环节，收入预算管理部分；人民渠第一管理处、人民渠第二管理处、外江管理处、通济堰管理处在单位票据管理部分；东风渠管理处、人民渠第一管理处、人民渠第二管理处、外江管理处、黑龙滩灌区管理处、通济堰管理处在单位资金管理部分中"收入退付、收入核算"环节，未曾提及相对应的审批业务表单作为制度有效执行的载体及佐证材料。

共性问题：在收入管理内部控制制度文本方面，各单位在资金管理部分中"收入使用、收入退付"环节均缺少相关规定。在收入管理内部控制岗位职责方面，各单位在设立和征收管理部分中"调整与取消"环节，票据管理部分，资金管理部分中"收入退付、收入核算"环节均未能明确相应岗位职责。在收入管理内部控制工作流程方面，各单位在设立和征收管理部分中"收入征收、调整与取消"环节，票据管理部分，资金管理部分中"收入退付、收入核算"环节，均未能明确界定相应经济活动的审核审批流程。在收入内部控制业务表单方面，各单位在设立和征收管理部分中"收入征收、调整与取消"环节，收入预算管理部分，票据管理部分，资金管理部分中"收入退付、收入核算"环节，均未曾提及相对应的审批业务表单作为制度有效执行的载体及佐证材料。

2.分析依据

制度文本缺陷中，收入管理设立和征收管理部分中"收入征收、调整与取消"环节需遵照《事业单位财务规则》（财政部令第108号）第十八条，《行政事业单位内部控制规范（试行）》（财会〔2012〕21号）第二十六条、第二十七条之规定进行完善。

收入预算管理部分需遵照《中华人民共和国预算法实施条例》（国务院令第729号）第十二条、第十五至第十七条之规定进行完善。

资金管理部分中"收入使用、收入退付、收入核算"环节需遵照《事业单位财务规则》（财政部令第108号）第十六至第十九条，《行政事业单位内部控制规范（试行）》（财会〔2012〕21号）第二十七条之规定进行完善。

岗位职责、工作流程及业务表单缺陷，需遵照《行政事业单位内部控制规范（试行）》（财会〔2012〕21号）第十二条之规定进行完善。

3.管理建议

相关单位应当依据上位法律法规，在内部控制制度中完善收入征收、调整与取消、收入预算管理、收入使用、收入退付、收入核算相关内容，加强收入管理，确保财政及事业收入资金统筹管理，并制定涵盖所有部门及岗位的岗位职责清单，明确各岗位职责范围及审批权限，补充收入管理内部控制制度及相应部分的流程及表单。

存在风险：部分单位的收入管理制度在设立和征收管理部分、收入预算管理部分、资金管理部分不够完善。

风险类型：制度设计有效性。

建议性质：需要整改。

风险等级：高。

存在风险：收入管理岗位职责、审批流程及业务表单设置存在不足。

风险类型：制度设计有效性。

建议性质：管理提升。

风险等级：低。

（三）支出管理

1.制度分析

（1）整体分析

各单位有关支出管理的制度包括《四川省都江堰东风渠管理处收支管理内部控制手册》《四川省都江堰东风渠管理处经费支出指南》《四川省都江堰人民渠第一管理处收支管理内部控制手册》《四川省都江堰人民渠第一管理处经费支出指南汇编（征求意见稿）》《四川省都江堰人民渠第二管理处公务接待管理实施办法（试行）》《四川省都江堰人民渠第二管理处差旅费管理办法（试行）》《四川省都江堰人民渠第二管理处关于2021年度差旅费报销相关事项的通知》《四川省都江堰人民渠第二管理处关于汛期防汛值班费发放有关事项的通知》《四川省都江堰人民渠第二管理处关于调整遗属生活困难补助标准的通知》《四川省都江堰人民渠第二

管理处专家费管理办法（试行）》《四川省都江堰人民渠第二管理处水利工程维修养护专项资金管理办法》《四川省都江堰外江管理处财务收支统一管理办法》《四川省都江堰外江管理处差旅费管理办法》《四川省都江堰黑龙滩灌区管理处收支管理办法》《四川省都江堰黑龙滩灌区管理处收支管理内部控制业务规范》《四川省通济堰管理处收支管理内部控制制度》，相关内容可概括分为总则、组织架构及部门职责、支出管理具体工作要求、支出审批管理、借款管理、报销管理、资金支付管理等部分。

在支出管理内部控制制度设计的有效性方面，各单位均未能建立基本的支出管理内部控制制度体系，用款计划、预算管理、资金支付、核算、财务报销管理部分均亟须完善，见表9（内部控制制度文本缺陷率：69%；内部控制岗位设置缺陷率：69%；内部控制审批流程缺陷率：79%；内部控制业务表单缺陷率：84%）。

（2）设计缺陷

制度文本：在管理制度方面，人民渠第一管理处、人民渠第二管理处、外江管理处、黑龙滩灌区管理处缺少对单位用款计划部分中"用款计划编制、用款计划审核"环节的相关规定；人民渠第一管理处、人民渠第二管理处、外江管理处、黑龙滩灌区管理处、通济堰管理处缺少对单位用款计划部分中"用款计划调整"环节的相关规定；人民渠第二管理处、外江管理处、黑龙滩灌区管理处、通济堰管理处缺少对单位预算管理部分中"预算管理"环节的相关规定；人民渠第一管理处、人民渠第二管理处、外江管理处、黑龙滩灌区管理处、通济堰管理处缺少对单位预算管理部分中"绩效管理"环节的相关规定；人民渠第一管理处、人民渠第二管理处、外江管理处、通济堰管理处缺少对单位资金支付部分中"资金申报与

表9

各单位支出管理内部控制建设缺陷情况

	东风渠管理处								人民渠第一管理处								人民渠第二管理处							
	制度		岗位		流程		表单		制度		岗位		流程		表单		制度		岗位		流程		表单	
	标准	实际	标准	实际	标准	实际	标准	实际	标准	实际	标准	实际	标准	实际	标准	实际	标准	实际	标准	实际	标准	实际	标准	实际
用款计划	3	3	3	3	3	3	3	3	3	0	3	0	3	0	3	0	3	0	3	0	3	0	3	0
预算管理	2	2	2	2	2	2	2	2	2	1	2	1	2	0	2	0	2	0	2	0	2	0	2	0
资金支付	6	3	5	3	5	3	3	3	6	1	5	1	5	0	3	0	6	0	5	0	5	0	3	0
核算	4	1	4	1	4	1	4	0	4	0	4	0	4	0	4	0	4	0	4	0	4	0	4	0
财务报销管理	4	3	4	3	4	3	4	1	4	4	4	2	4	2	4	2	4	2	4	3	4	3	4	2

	外江管理处								黑龙滩灌区管理处								通济堰管理处							
	制度		岗位		流程		表单		制度		岗位		流程		表单		制度		岗位		流程		表单	
	标准	实际	标准	实际	标准	实际	标准	实际	标准	实际	标准	实际	标准	实际	标准	实际	标准	实际	标准	实际	标准	实际	标准	实际
用款计划	3	0	3	0	3	0	3	0	3	0	3	0	3	0	3	0	3	2	3	2	3	1	3	0
预算管理	2	0	2	0	2	0	2	0	2	1	2	0	2	0	2	0	2	0	2	0	2	0	2	0
资金支付	6	1	5	0	5	0	3	0	6	1	5	1	5	1	3	1	6	1	5	1	5	1	3	0
核算	4	1	4	0	4	0	4	0	4	0	4	0	4	0	4	0	4	0	4	0	4	0	4	0
财务报销管理	4	2	4	2	4	2	4	2	4	4	4	4	4	4	4	4	4	3	4	3	4	2	4	2

制度文本缺陷率	岗位设置缺陷率	审批流程缺陷率	业务表单缺陷率
69%	69%	79%	84%

注：表内"标准"所列示数字为某部分制度内容应当具备的环节数量，"实际"所列示数字为某部分制度内容各实际具备的环节数量，两者之差表示制度设计缺陷。

审核"环节的相关规定；人民渠第一管理处、人民渠第二管理处、外江管理处、黑龙滩灌区管理处、通济堰管理处缺少对单位资金支付部分中"资金分配与下达"环节的相关规定；人民渠第二管理处、外江管理处、黑龙滩灌区管理处缺少对单位资金支付部分中"资金拨付与使用"环节的相关规定；东风渠管理处、人民渠第一管理处、人民渠第二管理处、黑龙滩灌区管理处、通济堰管理处缺少对单位资金支付部分中"资金存放"环节的相关规定；东风渠管理处、人民渠第一管理处、人民渠第二管理处、外江管理处、黑龙滩灌区管理处、通济堰管理处缺少对单位资金支付部分中"资金归垫、结转结余"环节的相关规定；人民渠第一管理处、人民渠第二管理处、黑龙滩灌区管理处、通济堰管理处缺少对单位核算部分的相关规定；人民渠第二管理处缺少对单位财务报销管理部分中"借款"环节的相关规定；东风渠管理处、人民渠第二管理处、外江管理处缺少对单位财务报销管理部分中"还款"环节的相关规定；外江管理处、通济堰管理处缺少对单位财务报销管理部分中"款项退回"环节的相关规定。

岗位职责：在管理制度中，人民渠第一管理处、人民渠第二管理处、外江管理处、黑龙滩灌区管理处在单位用款计划部分中"用款计划编制、用款计划审核"环节，人民渠第一管理处、人民渠第二管理处、外江管理处、黑龙滩灌区管理处、通济堰管理处在单位用款计划部分中"用款计划调整"环节，人民渠第二管理处、外江管理处、黑龙滩灌区管理处、通济堰管理处在单位预算管理部分中"预算管理"环节，人民渠第一管理处、人民渠第二管理处、外江管理处、黑龙滩灌区管理处、通济堰管理处在单位预算管理部分中"绩效管理"环节，人民渠第一管理处、人民渠第二管理处、外江管理处、通济堰管理处在单位资金支付部分中"资金申报与审核"环节，人民渠第一管理处、人民渠第二管理处、外江管理处、黑龙滩灌区管理处、通济堰管理处在单位资金支付部分中"资金分配与下达"环节，人民渠第二管理处、外江管理处、黑龙滩灌区管理处在单位资金支付部分中"资金拨付与使用"环节，东风渠管理处、人民渠第一管理处、人民渠第二管理处、外江管理处、黑龙滩灌区管理处、通济堰管理处在单位资金支付部分中"资金归垫、结转结余"环节，人民渠第一管理处、人民渠第二管理处、黑龙滩灌区管理处、通济堰管理处在单位核算部分，人民渠第二管理处在单位财务报销管理部分中"借款"环节，东风渠管理处、人民渠第二管理处、外江管理处在单位财务报销管理部分中"还款"环节，外江管理处、通济堰管理处在单位财务报销管理部分中"款项退回"环节，均未能明确相应岗位职责。

工作流程：在管理制度中，人民渠第一管理处、人民渠第二管理处、外江管理处、黑龙滩灌区管理处在单位用款计划部分中"用款计划编制"环节，人民渠第一管理处、人民渠第二管理处、外江管理处、黑龙滩灌区管理处、通济堰管理处在单位用款计划部分中"用款计划审核、用款计划调整"环节以及预算管理部分中"预算管理、绩效管理"环节，人民渠第一管理处、人民渠第二管理处、外江管理处、通济堰管理处在单位资金支付部分中"资金申报与审核"环节，人民渠第一管理处、人民渠第二管理处、外江管理处、黑龙滩灌区管理处、通济堰管理处在单位资金支付部分中"资金分配与下达"环节，人民渠第一管理处、人民渠第二管理处、外江管理处、黑龙滩灌区管理处、通济堰管理处在单位资金支付部分中"资金拨付与使用"环节，东风渠管理处、人民渠第一管理处、人民渠第二管理处、外江管理处、黑龙滩灌区管理处、通济堰管理处在单位资金支付部分中"资金归垫、结转结余"环节，人民渠第一管理处、人民渠第二管理处、外江管理处、黑龙滩灌区管理处、通济堰管理处在单位核算部分，外江管理处在单位财务报销管理部分中"借款"环节，人民渠第一管理处、外江管理处、黑龙滩灌区管理处、通济堰管理处在单位财务报销管理部分中"还款"环节，东风渠管理处、人民渠第一管理处、人民渠第二管理处、外江管理处、黑龙滩灌区管理处、通济堰管理处在单位财务报销管理部分中"款项退回"环节，未能明确界定相应经济活动的审核审批流程。

业务表单：在管理制度中，东风渠管理处、人民渠第一管理处、人民渠第二管理处、外江管理处、黑龙滩灌区管理处、通济堰管理处在单位用款计划部分中"用款计划编制、用款计划审核、用款计划调整"环节，人民渠第一管理处、人民渠第二管理处、外江管理处、黑龙滩灌区管理处、通济堰管理处在单位预算管理部分中"预算管理、绩效管理"环节，东风渠管理处、人民渠第一管理处、人民渠第二管理处、外江管理处、通济堰管理处在单位资金支付部分中"资金申报与审核"环节，东风渠管理处、人民渠第一管理处、人民渠第二管理处、外江管理处、黑龙滩灌区管理处、通济堰管理处在单位资金支付部分中"结转结余"环节及核算部分，东风渠管理处、外江管理处、通济堰管理处在单位财务报销管理部分中"借款"环节，人民渠第一管理处、外江管理处、黑龙滩灌区管理处、通济堰管理处在单位财务报销管理部分中"还款"环节，东风渠管理处、人民渠第一管理处、人民渠第二管理处、外江管理处、黑龙滩灌区管理处、通济堰管理处在单位财务报销管理部分中"款项退回"环节，均未曾提及相对应的审批业务表单作为制度有效执行的载体及佐证材料。

共性问题：在支出管理内部控制制度文本方面，各单位在资金支付部分中"资金归垫、结转结余"环节均缺少相关规定。在支出管理内部控制岗位职责方面，各单位在资金支付部分中"资金归垫、结转结余"环节均未能明确相应岗位职责。在支出管理内部控制工作流程方面，各单位在资金支付部分中"资金归垫、结转结余"环节，财务报销管理部分中"款项退回"环节，均未能明确界定相应经济活动的审核审批流程。在支出管理内部控制业务表单方面，各单位在资金支付部分中"资金归垫、结转结余"环节，核算部分，财务报销管理部分中"款项退回"环节，均未曾提及相对应的审批业务表单作为制度有效执行的载体及佐证材料。

2. 分析依据

制度文本缺陷中，用款计划部分中"用款计划编制、用款计划审核、用款计划调整"环节需遵照《中央政府性基金国库集中支付管理暂行办法》（财库〔2007〕112号）第五至第十四条之规定进行完善；

预算管理部分中"预算管理、绩效管理"环节需遵照《四川省财政支出绩效评价管理暂行办法》（川财预〔2009〕92号）之规定进行完善；

资金支付部分中"资金申报与审核、资金分配与下达、资金拨付与使用、资金存放、资金归垫、结转结余"环节需遵照《中央对地方专项转移支付管理办法》（财预〔2015〕230号）第二十一至第二十三条、第二十七至第三十八条、第四十条，《关于进一步加强财政部门和预算单位资金存放管理的指导意见》（财库〔2017〕76号），《关于规范和加强中央预算单位国库集中支付资金归垫管理有关问题的通知》（财库〔2007〕24号），《关于进一步完善制度规定切实加强财政资金管理的通知》（财办〔2011〕19号）第三条，《中华人民共和国预算法》（主席令第22号）第四十二条之规定进行完善；

核算部分需遵照《中央财政国库动态监控管理暂行办法》（财库〔2013〕217号）第二十一条，《行政事业单位内部控制规范（试行）》（财会〔2012〕21号）第三十条之规定进行完善；

财务报销管理部分中"借款、还款、款项退回"环节需遵照《单位公务卡管理办法（试行）》（财库〔2016〕8号）第十二条、第二十一条、第三十二条之规定进行完善。

岗位职责、工作流程及业务表单缺陷，需遵照《行政事业单位内部控制规范（试行）》（财会〔2012〕21号）第十二条之规定进行完善。

3.管理建议

相关单位应当依据上位法律法规，在内部控制制度中完善用款计划审核、用款计划调整、预算管理、绩效管理、资金申报与审核、资金分配与下达、资金拨付与使用、资金存放、资金归垫、结转结余、核算、借款、还款、款项退回相关内容，加强支出管理，确保收支两条线管理，加强支出过程管控，防范资金使用风险，并制定涵盖所有部门及岗位的岗位职责清单，明确各岗位职责范围及审批权限，补充支出管理内部控制制度及相应部分的流程及表单。

存在风险：部分单位的支出管理制度在用款计划、预算管理、资金支付、核算、财务报销管理部分不够完善。

风险类型：制度设计有效性。

建议性质：需要整改。

风险等级：中。

存在风险：支出管理岗位职责、审批流程及业务表单设置存在不足。

风险类型：制度设计有效性。

建议性质：管理提升。

风险等级：低。

（四）采购管理

1. 制度分析

（1）整体分析

各单位有关采购管理的制度包括《四川省都江堰东风渠管理处采购管理内部控制手册》《四川省都江堰人民渠第一管理处采购管理内部控制手册》《四川省都江堰人民渠第二管理处信息产品采购安全管理办法》《四川省都江堰人民渠第二管理处采购管理办法》《四川省都江堰外江管理处采购管理内部控制制度》《四川省都江堰黑龙滩灌区管理处采购管理内部控制业务规范》《四川省都江堰黑龙滩灌区管理处物资采购管理制度》《四川省通济堰管理处政府采购管理内部控制制度》，相关内容可概括分为总则、采购管理职责、计划和预算、采购、验收、付款、质疑投诉、归档等部分。

在采购管理内部控制制度设计的有效性方面，各单位通过制度文本建立了较为完整的采购管理内部控制制度体系，但在计划和预算、采购、付款、质疑投诉部分有待完善，见表10（内部控制制度文本缺陷率：19%；内部控制岗位设置缺陷率：21%；内部控制审批流程缺陷率：60%；内部控制业务表单缺陷率：81%）。

表10　各单位采购管理内部控制建设缺陷情况

项目	东风渠管理处 制度 标准	制度 实际	岗位 标准	岗位 实际	流程 标准	流程 实际	表单 标准	表单 实际	人民渠第一管理处 制度 标准	制度 实际	岗位 标准	岗位 实际	流程 标准	流程 实际	表单 标准	表单 实际	人民渠第二管理处 制度 标准	制度 实际	岗位 标准	岗位 实际	流程 标准	流程 实际	表单 标准	表单 实际
计划和预算	3	2	3	2	3	2	3	0	3	3	3	3	3	3	3	1	3	2	3	2	3	2	3	2
采购	9	7	9	7	9	4	8	2	9	8	9	6	9	3	8	1	9	8	9	8	9	3	8	4
验收	1	1	1	0	1	1	0	0	1	1	1	0	0	0	0	0	1	1	1	1	1	0	1	1
付款	1	1	1	0	1	0	0	0	1	1	1	0	0	0	0	0	1	1	1	0	0	0	0	0
质疑投诉	1	1	1	1	1	1	1	0	1	1	1	1	1	1	1	0	1	1	1	1	1	0	1	0
归档	1	1	1	1	1	1	1	1	1	1	1	1	1	0	1	0	1	1	1	0	1	0	1	0

项目	外江管理处 制度 标准	制度 实际	岗位 标准	岗位 实际	流程 标准	流程 实际	表单 标准	表单 实际	黑龙滩灌区管理处 制度 标准	制度 实际	岗位 标准	岗位 实际	流程 标准	流程 实际	表单 标准	表单 实际	通济堰管理处 制度 标准	制度 实际	岗位 标准	岗位 实际	流程 标准	流程 实际	表单 标准	表单 实际
计划和预算	3	2	3	2	3	0	3	0	3	2	3	2	3	2	3	0	3	2	3	2	3	1	3	1
采购	9	8	9	8	9	1	8	1	9	9	9	9	9	8	8	1	9	7	9	7	9	2	8	1
验收	1	0	1	0	0	0	0	0	1	1	1	1	0	0	0	0	1	0	1	0	0	0	0	0
付款	1	0	1	0	0	0	0	0	1	1	1	0	0	0	0	0	1	0	1	0	0	0	0	0
质疑投诉	1	1	1	0	0	0	1	0	1	1	1	1	1	0	1	0	1	0	1	0	1	0	1	0
归档	1	1	1	1	0	0	1	0	1	1	1	1	1	0	1	0	1	0	1	0	1	0	1	0

制度文本缺陷率 19%　岗位设置缺陷率 21%　审批流程缺陷率 60%　业务表单缺陷率 81%

注:表内"标准"所列示数字为某部分制度内容应当具备的环节数量,"实际"所列示数字为某部分制度内容实际具备的环节数量,两者之差表示制度设计缺陷。

（2）设计缺陷

制度文本：在管理制度中，东风渠管理处、人民渠第二管理处、外江管理处、黑龙滩灌区管理处、通济堰管理处缺少对单位计划和预算部分中"绩效管理"环节的相关规定；东风渠管理处缺少对单位采购部分中"组织形式确定"环节的相关规定；通济堰管理处缺少对单位采购部分中"选聘评审专家"环节的相关规定；东风渠管理处、人民渠第一管理处、人民渠第二管理处、外江管理处、通济堰管理处缺少对单位采购部分中"采购信用"环节的相关规定；外江管理处缺少对单位付款部分中"采购付款"环节的相关规定；通济堰管理处缺少对单位质疑投诉部分的相关规定。

岗位职责：在管理制度中，东风渠管理处、人民渠第二管理处、外江管理处、黑龙滩灌区管理处、通济堰管理处在单位计划和预算部分中"绩效管理"环节，东风渠管理处、人民渠第一管理处在单位采购部分中"组织形式确定"环节，人民渠第一管理处在单位采购部分中"采购方式确定"环节，通济堰管理处在单位采购部分中"选聘评审专家"环节，东风渠管理处、人民渠第一管理处、人民渠第二管理处、外江管理处、通济堰管理处在单位采购部分中"采购信用"环节，通济堰管理处在单位质疑投诉部分，均未能明确相应岗位职责。

工作流程：在管理制度中，外江管理处、通济堰管理处在单位计划和预算部分中"采购计划"环节，外江管理处在单位计划和预算部分中"预算管理"环节，东风渠管理处、人民渠第二管理处、外江管理处、黑龙滩灌区管理处、通济堰管理处在单位计划和预算部分中"绩效管理"环节，东风渠管理处、人民渠第一管理处、人民渠第二管理处、外江管理处、通济堰管理处在单位采购部分中"委托代理机构、组织形式确定"环节，人民渠第一管理处、人民渠第二管理处、外江管理处、通济堰管理处在单位采购部分中"采购方式确定"环节，东风渠管理处、人民渠第二管理处、外江管理处、通济堰管理处在单位采购部分中"选聘评审专家"环节，东风渠管理处、人民渠第一管理处、人民渠第二管理处、外江管理处在单位采购部分中"选择供应商"环节，东风渠管理处、人民渠第一管理处、人民渠第二管理处、外江管理处、通济堰管理处在单位采购部分中"采购信用"环节，人民渠第一管理处、外江管理处、通济堰管理处在单位采购部分中"采购合同签订"环节，外江管理处、黑龙滩灌区管理处、通济堰管理处在单位采购部分中"采购合同履行"环节，人民渠第二管理处、外江管理处、通济堰管理处在单位验收部分中"采购验收"环节，人民渠第二管理处、外江管理处、黑龙滩灌区管理处、通济堰管理处在单位质疑投诉部分，人民渠第一管理处、人民渠第二管理处、外江管理处、通济堰管理处在单位归档部分，未能明确界定相应经济活动的审核审批流程。

业务表单：在管理制度中，东风渠管理处、外江管理处、黑龙滩灌区管理处在单位计划和预算部分中"采购计划"环节，东风渠管理处、人民渠第一管理处、外江管理处、黑龙滩灌区管理处、通济堰管理处在单位计划和预算部分中"预算管理"环节，东风渠管理处、人民渠第一管理处、人民渠第二管理处、外江管理处、黑龙滩灌区管理处、通济堰管理处在单位计划和预算部分中"绩效管理"环节，东风渠管理处、人民渠第一管理处、黑龙滩灌区管理处、通济堰管理处在单位采购部分中"采购文件编制"环节，东风渠管理处、人民渠第一管理处、人民渠第二管理处、外江管理处、黑龙滩灌区管理处、通济堰管理处在单位采购部分中"委托代理机构、组织形式确定、采购方式确定、选聘评审专家"环节，东风渠管理处、人民渠第一管理处、外江管理处在单位采购部分中"选择供应商"环节，人民渠第一管理处、外江管理处、黑龙滩灌区管理处、通济堰管理处在单位采购部分中"采购合同签订、采购合同履行"环节，东风渠管理处、外江管理处、通济堰管理处在单位验收部分中"采购验收"环节，东风渠管理处、人民渠第一管理处、人民渠第二管理处、外江管理处、黑龙滩灌区管理处、通济堰管理处在单位质疑投诉部分，东风渠管理处、人民渠第一管理处、人民渠第二管理处、外江管理处、通济堰管理处在单位归档部分，均未曾提及相对应的审批业务表单作为制度有效执行的载体及佐证材料。

共性问题：在采购内部控制业务表单方面，各单位在计划和预算部分中"绩效管理"环节，采购部分中"委托代理机构、组织形式确定、采购方式确定、选聘评审专家"环节，质疑投诉部分，均未曾提及相对应的审批业务表单作为制度有效执行的载体及佐证材料。

2.分析依据

制度文本缺陷中，计划和预算部分中"绩效管理"环节需遵照《国务院办公厅关于政府向社会力量购买服务的指导意见》（国办发〔2013〕96号）第三条、《关于推进和完善服务项目政府采购有关问题的通知》（财库〔2014〕37号）第五条、《关于做好事业单位政府购买服务改革工作的意见》（财综〔2016〕53号）第三条之规定进行完善；

采购部分中"采购文件编制、组织形式确定、选聘评审专家、采购信用"环节需遵照《中华人民共和国政府采购法》（主席令第68号）第七条，《中华人民共和国政府采购法实施条例》（国务院令第658号）第十五条、第三十二条、第三十九条、第四十条、第四十二条、第六十二条，《中华人民共和国招标投标法》（主席令第21号）第九条、第十六条、第十九条、第二十条、第二十三条，《政府采购非招标采购方式管理办法》（财政部令第74号）第七条，《政府采购评审专家管理办法》（财库〔2016〕198号）第五条、第六条、第七条、第八条、第九条、第十条、第十一条、第三十二条，《评标专家和评标专家库管理暂行办法》（国家发展计划委员会令第29号），《关于在政府采购活动中查询及使用信用记录有关问题的通知》（财库〔2016〕125号）第一条、第二条、第三条，《关于报送政府采购严重违法失信行为信息记录的通知》（财办库〔2014〕526号）第三条之规定进行完善；

付款部分需遵照《中华人民共和国政府采购法实施条例》（国务院令第658号）第五十一条、《政府采购货物和服务招标投标管理办法》（财政部令第87号）第七十五条、《关于进一步加强政府采购需求和履约验收管理的指导意见》（财库〔2016〕205号）第三条之规定进行完善；

质疑投诉部分需遵照《中华人民共和国招标投标法》（主席令第21号）第三十七条、第六十五条，《中华人民共和国招标投标法实施条例》（国务院令第613号）第二十二条、第五十四条，《中华人民共和国政府采购法》（主席令第68号）第五十一条、第五十二条、第五十三条、第五十四条、第五十五条，《政府采购质疑和投诉办法》（财政部令第94号）之规定进行完善。

岗位职责、工作流程及业务表单缺陷，需遵照《行政事业单位内部控制规范（试行）》（财会〔2012〕21号）第十二条之规定进行完善。

3.管理建议

相关单位应当依据上位法律法规，在内部控制制度中完善采购计划、预算管理、绩效管理、采购文件编制、委托代理机构、组织形式确定、采购方式确定、选聘评审专家、选择供应商、采购信用、采购合同签订、采购合同履行、采购验收、质疑投诉、采购档案管理相关内容，加强采购管理，确保单位采购按需合规管理，加强采购过程管控，防范采购执行风险，并制定涵盖所有部门及岗位的岗位职责清单，明确各岗位职责范围及审批权限，补充采购管理内部控制制度及相应部分的流程及表单。

存在风险：部分单位的采购管理制度在计划和预算、采购、质疑投诉部分不够完善。

风险类型：制度设计有效性。

建议性质：需要整改。

风险等级：中。

存在风险：岗位职责、审批流程及业务表单设置存在不足。

风险类型：制度设计有效性。

建议性质：管理提升。

风险等级：低。

（五）资产管理

1.制度分析

（1）整体分析

各单位有关资产管理的制度包括《四川省都江堰东风渠管理处

制度汇编》《四川省都江堰东风渠管理处资产管理内部控制手册》《四川省都江堰人民渠第一管理处资产管理内部控制手册》《四川省都江堰人民渠第二管理处固定资产实物管理办法》《四川省都江堰人民渠第二管理处固定资产日常管理办法》《四川省都江堰人民渠第二管理处公务用车管理制度》《四川省都江堰人民渠第二管理处防洪值班车辆管理办法》《四川省都江堰人民渠第二管理处公务用车管理办法（试行）》《四川省都江堰人民渠第二管理处水文仪器、仪表及各种设备的管理和维修制度》《四川省都江堰人民渠第二管理处信息资产安全管理办法》《四川省都江堰外江管理处资产管理内部控制制度》《四川省都江堰黑龙滩灌区管理处资金管理办法》《四川省都江堰黑龙滩灌区管理处国有资产管理办法》《四川省都江堰黑龙滩灌区管理处票据管理制度》《四川省都江堰黑龙滩灌区管理处设备物资管理办法》《四川省通济堰管理处资产管理内部控制制度》等，相关内容可概括分为总则、组织结构及职责分工、库存现金管理、银行账户管理、配置管理、使用与维修管理、清查盘点管理、资产处置管理、资产领用、对外投资管理、产权登记及纠纷调处、资产报告、监督与责任等部分。

　　基于现有材料，在资产管理内部控制制度设计的有效性方面，各单位通过制度文本建立了基本的资产管理内部控制制度体系，但在资产配置及使用、预算管理、资产处置、产权登记与产权纠纷处理、资产评估与资产清查、资产报告、货币资金管理、对外投资、其他资产等部分需进一步完善，见表11（内部控制制度文本缺陷率：32%；内部控制岗位设置缺陷率：33%；内部控制审批流程缺陷率：62%；内部控制业务表单缺陷率：74%）。

表11

各单位资产管理内部控制建设缺陷情况

东风渠管理处、人民渠第一管理处、人民渠第二管理处

项目	制度标准	制度实际	岗位标准	岗位实际	流程标准	流程实际	表单标准	表单实际
东风渠管理处								
资产配置及使用	2	2	2	2	2	2	2	0
预算管理	2	1	2	1	2	0	2	0
资产处置	1	1	1	1	1	1	1	0
产权登记与产权纠纷处理	2	2	2	2	2	0	2	0
资产评估与资产清查	2	2	2	2	2	2	2	0
资产报告	1	1	1	1	1	1	1	0
货币资金管理	4	4	4	4	4	3	4	2
对外投资	3	3	3	3	2	2	3	0
其他资产	1	0	1	0	1	0	1	0
岗位设置缺陷率			32%					
人民渠第一管理处								
资产配置及使用	2	2	2	2	2	2	2	2
预算管理	2	1	2	1	2	2	2	2
资产处置	1	1	1	1	1	0	1	0
产权登记与产权纠纷处理	2	2	2	1	2	0	2	0
资产评估与资产清查	2	2	2	2	2	2	2	2
资产报告	1	0	1	0	1	0	1	1
货币资金管理	4	2	4	2	4	4	4	4
对外投资	3	3	3	3	2	2	3	3
其他资产	1	0	1	0	1	1	1	1
制度文本缺陷率 / 审批流程缺陷率		33%				62%		
人民渠第二管理处								
资产配置及使用	2	2	2	2	2	2	2	2
预算管理	2	1	2	1	2	1	2	1
资产处置	1	1	2	0	1	0	1	1
产权登记与产权纠纷处理	2	0	2	1	2	0	2	0
资产评估与资产清查	2	1	2	1	2	0	2	1
资产报告	1	0	1	0	1	0	1	0
货币资金管理	4	1	4	4	4	4	4	1
对外投资	3	0	3	0	3	0	3	0
其他资产	1	0	1	0	1	0	1	0
业务表单缺陷率							74%	

外江管理处、黑龙滩灌区管理处、通济堰管理处

项目	制度标准	制度实际	岗位标准	岗位实际	流程标准	流程实际	表单标准	表单实际
外江管理处								
资产配置及使用	2	2	2	2	2	2	2	2
预算管理	2	1	2	1	2	1	2	0
资产处置	1	1	1	1	1	0	1	0
产权登记与产权纠纷处理	2	2	2	2	2	0	2	0
资产评估与资产清查	2	2	2	2	2	2	2	2
资产报告	1	1	1	1	1	0	1	0
货币资金管理	4	4	4	4	4	4	4	2
对外投资	3	3	3	3	2	2	3	0
其他资产	1	0	1	0	1	0	1	0
黑龙滩灌区管理处								
资产配置及使用	2	2	2	2	2	2	2	2
预算管理	2	0	2	0	2	0	2	0
资产处置	1	1	1	1	1	1	1	0
产权登记与产权纠纷处理	2	1	2	2	2	1	2	0
资产评估与资产清查	2	2	2	3	2	2	2	2
资产报告	1	0	1	0	1	0	1	1
货币资金管理	4	3	4	3	4	4	4	4
对外投资	3	0	3	0	3	0	3	3
其他资产	1	1	1	0	1	1	1	1
通济堰管理处								
资产配置及使用	2	2	2	2	2	2	2	2
预算管理	2	2	2	2	2	2	2	2
资产处置	1	1	1	1	1	1	1	0
产权登记与产权纠纷处理	2	2	2	2	2	2	2	0
资产评估与资产清查	2	2	2	2	2	2	2	2
资产报告	1	1	1	1	1	1	1	0
货币资金管理	4	4	4	4	4	4	4	4
对外投资	3	0	3	0	3	0	3	0
其他资产	1	0	1	0	1	0	1	0
制度文本缺陷率 / 岗位设置缺陷率 / 审批流程缺陷率 / 业务表单缺陷率								

注：表内"标准"所列示数字为制度内应当具备的环节数量，"实际"所列示数字为某部分制度内容具备的环节数量，两者之差表示制度设计缺陷。

（2）内部控制存在缺陷

制度文本：在管理制度中，黑龙滩灌区管理处缺少对单位预算管理部分中"资产预算管理"环节的相关规定；东风渠管理处、人民渠第一管理处、人民渠第二管理处、外江管理处、黑龙滩灌区管理处、通济堰管理处缺少对单位预算管理部分中"资产绩效管理"环节的相关规定；东风渠管理处、人民渠第二管理处、通济堰管理处缺少对单位产权登记与产权纠纷处理部分中"产权登记"环节的相关规定；东风渠管理处、人民渠第一管理处、人民渠第二管理处、黑龙滩灌区管理处、通济堰管理处缺少对单位产权登记与产权纠纷处理部分中"产权纠纷"环节的相关规定；人民渠第二管理处缺少对单位资产评估与清查部分中"资产评估"环节的相关规定；人民渠第二管理处、黑龙滩灌区管理处缺少对单位资产报告部分的相关规定；人民渠第二管理处缺少对单位货币资金管理部分中"库存现金管理、银行账户管理"环节的相关规定；人民渠第一管理处、人民渠第二管理处缺少对单位货币资金管理部分中"票据管理"环节的相关规定；人民渠第一管理处、黑龙滩灌区管理处缺少对单位货币资金管理部分中"印章管理"环节的相关规定；人民渠第二管理处、黑龙滩灌区管理处、通济堰管理处缺少对单位对外投资部分中"对外投资立项与决策、对外投资执行、对外投资处置"环节的相关规定；东风渠管理处、人民渠第一管理处、人民渠第二管理处、通济堰管理处缺少对单位其他资产部分中"应收及预付款管理"环节的相关规定。

岗位职责：在管理制度中，黑龙滩灌区管理处在单位预算管理部分中"资产预算管理"环节，东风渠管理处、人民渠第一管理处、人民渠第二管理处、外江管理处、黑龙滩灌区管理处、通济堰管理处在单位预算管理部分中"资产绩效管理"环节，人民渠第二管理处、通济堰管理处在单位产权登记与产权纠纷处理部分中"产权登记"环节，东风渠管理处、人民渠第一管理处、人民渠第二管理处、黑龙滩灌区管理处、通济堰管理处在单位产权登记与产权纠纷处理部分中"产权纠纷"环节，人民渠第二管理处在单位资产评估与资产清查部分中"资产评估"环节，人民渠第二管理处、黑龙滩灌区管理处在单位资产报告部分，人民渠第二管理处在单位货币资金管理部分中"库存现金管理、银行账户管理"环节，人民渠第一管理处、人民渠第二管理处在单位货币资金管理部分中"票据管理"环节，人民渠第一管理处、黑龙滩灌区管理处在单位货币资金管理部分中"印章管理"环节，人民渠第二管理处、黑龙滩灌区管理处、通济堰管理处在单位对外投资部分中"对外投资立项与决策、对外投资执行、对外投资处置"环节，东风渠管理处、人民渠第一管理处、人民渠第二管理处、通济堰管理处在单位其他资产部分中"应收及预付款管理"环节，均未能明确相应岗位职责。

工作流程：在管理制度中，黑龙滩灌区管理处在单位资产配置及使用部分中"资产使用"环节，东风渠管理处、外江管理处、黑龙滩灌区管理处在单位预算管理部分中"资产预算管理"环节，东风渠管理处、人民渠第一管理处、人民渠第二管理处、外江管理处、黑龙滩灌区管理处、通济堰管理处在单位预算管理部分中"资产绩效管理"环节，外江管理处、黑龙滩灌区管理处在单位资产处置部分，人民渠第二管理处、外江管理处、黑龙滩灌区管理处、通济堰管理处在单位资产评估与资产清查部分中"资产评估"环节，人民渠第二管理处、外江管理处、黑龙滩灌区管理处在单位资产评估与资产清查部分中"资产清查"环节，人民渠第二管理处、外江管理处、黑龙滩灌区管理处、通济堰管理处在单位资产报告部分，东风渠管理处、人民渠第二管理处、外江管理处、黑龙滩灌区管理处、通济堰管理处在单位货币资金管理部分中"库存现金管理"环节，人民渠第二管理处、外江管理处、黑龙滩灌区管理处、通济堰管理处在单位货币资金管理部分中"银行账户管理"环节，人民渠第一管理处、人民渠第二管理处、外江管理处、黑龙滩灌区管理处、通济堰管理处在单位货币资金管理部分中"票据管理、印章管理"环节，人民渠第二管理处、外江管理处、黑龙滩灌区管理处、通济堰管理处在单位对外投资部分中"对外投资立项与决策、对外投资处置"环节，东风渠管理处、人民渠第一管理处、人民渠第二管理处、外江管理处、黑龙滩灌区管理处、通济堰管理处在单位其他资产部分中"应收及预付款管理"环节，均未能明确界定相应经济活动的审核审批流程。

业务表单：在管理制度中，东风渠管理处、黑龙滩灌区管理处在单位资产配置及使用部分中"资产配置、资产使用"环节，东风渠管理处、外江管理处、黑龙滩灌区管理处、通济堰管理处在单位预算管理部分中"资产预算管理"环节，东风渠管理处、人民渠第一管理处、人民渠第二管理处、外江管理处、黑龙滩灌区管理处、通济堰管理处在单位预算管理部分中"资产绩效管理"环节，东风渠管理处、外江管理处、通济堰管理处在单位资产处置部分，东风渠管理处、人民渠第一管理处、人民渠第二管理处、外江管理处、黑龙滩灌区管理处、通济堰管理处在单位资产评估与资产清查部分中"资产评估"环节，东风渠管理处、人民渠第一管理处在单位资产评估与资产清查部分中"资产清查"环节，东风渠管理处、人民渠第一管理处、人民渠第二管理处、外江管理处、黑龙滩灌区管理处、通济堰管理处在单位资产报告部分，东风渠管理处、人民渠第二管理处、黑龙滩灌区管理处、通济堰管理处在单位货币资金管理部分中"库存现金管理"环节，东风渠管理处、人民渠第二管理处、外江管理处、黑龙滩灌区管理处、通济堰管理处在单位货币资金管理部分中"银行账户管理"环节，人民渠第一管理处、人民渠第二管理处、黑龙滩灌区管理处、通济堰管理处在单位货币资金管理部分中"票据管理"环节，人民渠第一管理处、外江管理处、黑龙滩灌区管理处在单位货币资金管理部分中"印章管理"环节，东风渠管理处、人民渠第一管理处、人民渠第二管理处、外江管理处、黑龙滩灌区管理处、通济堰管理处在单位对外投资部分中"对外投资立项与决策、对外投资执行、对外投资处置"环节，其他资产部分中"应收及预付款管理"环节，均未曾提及相对应的审批业务表单作为制度有效执行的载体及佐证材料。

共性问题：在资产管理内部控制制度文本方面，各单位在预算管理部分中"资产绩效管理"环节均缺少相关规定。在资产管理内部控制岗位职责方面，各单位在预算管理部分中"资产绩效管理"环节均未能明确相应岗位职责。在资产管理内部控制工作流程方面，各单位在预算管理部分中"资产绩效管理"环节，其他资产部分中"应收及预付款管理"环节均未能明确界定相应经济活动的审核审批流程。在资产管理内部控制业务表单方面，各单位在预算管理部分中"资产绩效管理"环节，资产评估与资产清查部分中"资产评估"环节，资产报告部分，对外投资部分中"对外投资立项与决策、对外投资执行、对外投资处置"环节，其他资产部分中"应收及预付款管理"环节，均未曾提及相对应的审批业务表单作为制度有效执行的载体及佐证材料。

2.分析依据

制度文本缺陷中，预算管理部分中"资产预算管理、资产绩效管理"环节需遵照《都江堰市国有资产监督管理暂行办法》（都办发〔2014〕71号）第四条之规定进行完善；

产权登记与产权纠纷处理部分中"产权登记、产权纠纷"环节需遵照《事业单位国有资产管理暂行办法》（财政部令第36号）第三十条、第三十三至第三十七条之规定进行完善；

资产评估与清查部分中"资产评估"环节需遵照《事业单位国有资产管理暂行办法》（财政部令第36号）第三十八至第四十一条之规定进行完善；

资产报告部分需遵照《行政事业单位国有资产年度报告管理办法》（财资〔2017〕3号）第二十三条、第二十四条之规定进行完善；

货币资金管理部分中"库存现金管理、银行账户管理、票据管理、印章管理"环节需遵照《关于进一步加强财政部门和预算单位资金存放管理的指导意见》（财库〔2017〕76号）第二条，《行政事业单位内部控制规范（试行）》（财会〔2012〕21号）第二十八条、第四十二条，《国务院关于国家行政机关和企业事业单位社会团体印章管理的规定》（国发〔1999〕25号）第二十五条之规定进行完善；

对外投资部分中"对外投资立项与决策、对外投资执行、对外投资处置"环节需遵照《行政事业单位内部控制规范（试行）》（财会〔2012〕21号）第四十五条之规定进行完善；

其他资产部分中"应收及预付款管理"环节需遵照《事业单位财务规则》（财政部令第108号）第四十条、《事业单位国有资产管理暂行办法》（财政部令第36号）第三条之规定进行完善。

岗位职责、工作流程及业务表单缺陷，需遵照《行政事业单位内部控制规范（试行）》（财会〔2012〕21号）第十二条之规定进行完善。

3.管理建议

相关单位应当依据上位法律法规，在内部控制制度中完善资产预算管理、资产绩效管理、产权登记、产权纠纷、资产评估、资产报告、库存现金管理、银行账户管理、票据管理、印章管理、对外投资立项与决策、对外投资执行、对外投资处置、应收及预付款管理相关内容，加强国有资产管理，确保国有资产保值增值，避免国有资产流失，防范、化解国有资产管理风险，并制定涵盖所有部门及岗位的岗位职责清单，明确各岗位职责范围及审批权限，补充资产管理内部控制制度及相应部分的流程及表单。

存在风险：部分单位的国有资产管理制度在资产配置及使用、预算管理、资产处置、产权登记与产权纠纷处理、资产评估与资产清查、资产报告、货币资金管理、对外投资、其他资产部分不够完善。

风险类型：制度设计有效性。

建议性质：需要整改。

风险等级：中。

存在风险：国有资产管理岗位职责、审批流程及业务表单设置存在不足。

风险类型：制度设计有效性。

建议性质：管理提升。

风险等级：低。

（六）工程项目管理

1. 制度分析

（1）整体分析

各单位有关工程项目管理的制度包括《四川省都江堰东风渠管理处建设项目管理内部控制手册》《四川省都江堰东风渠管理处基本建设财务管理制度》《四川省都江堰人民渠第一管理处工程项目管理内部控制手册》《四川省都江堰人民渠第一管理处涉水建设工程管理实施办法》《四川省都江堰人民渠第一管理处建设项目招投标管理内控制度》《四川省都江堰外江管理处工程项目管理制度》《黑龙滩灌区管理处水利基本建设财务管理制度》《黑龙滩灌区管理处水利工程基本建设管理办法》《黑龙滩灌区管理处抢险应急工程管理办法》《黑龙滩灌区管理处维修维护工程管理办法》，相关内容可概括分为总则、组织机构及职责分工、工程项目立项管理、工程项目设计及概预算、工程项目实施管理、工程项目资金支付、工程验收、项目后评价、监督检查等部分。

由于人民渠第二管理处关于工程项目管理内部控制相关制度均缺失，因此项目组仅对东风渠管理处、人民渠第一管理处、外江管理处、黑龙滩灌区管理处、通济堰管理处等五个管理处的工程项目管理内部控制制度建设情况进行分析。

在工程项目管理内部控制制度设计的有效性方面，各单位通过制度文本建立了较为完整的工程项目管理内部控制制度体系，但在灌区规划编制、工程项目确立、工程项目设计及概预算、工程项目实施与监督、资金管理、竣工验收和后评价等部分需进一步完善，见表12（内部控制制度文本缺陷率：24%；内部控制岗位设置缺陷率：25%；内部控制审批流程缺陷率：77%；内部控制业务表单缺陷率：87%）。

表12　　各单位工程项目管理内部控制建设缺陷情况

东风渠管理处 / 人民渠第一管理处 / 人民渠第二管理处

项目	东风渠管理处 制度 标准	实际	岗位 标准	实际	流程 标准	实际	表单 标准	实际	人民渠第一管理处 制度 标准	实际	岗位 标准	实际	流程 标准	实际	表单 标准	实际	人民渠第二管理处 制度 标准	实际	岗位 标准	实际	流程 标准	实际	表单 标准	实际
灌区规划编制	1	0	1	0	1	0	1	0	1	0	1	0	1	0	1	0	1	0	1	0	1	0	1	0
工程项目确立	1	1	1	1	1	1	1	0	1	1	1	1	1	1	1	1	1	1	1	1	1	1	1	1
工程项目设计及概预算	4	4	4	4	4	3	4	0	4	2	4	2	4	2	4	2	4	4	4	4	4	1	4	0
工程项目实施与监督	8	8	8	8	8	3	8	0	8	6	8	6	8	2	8	1	8	8	8	6	8	0	8	0
资金管理	2	2	2	2	2	0	2	0	2	1	2	2	2	1	2	0	2	1	2	2	2	2	2	0
竣工验收和后评价	4	4	4	4	4	1	3	0	4	2	4	2	4	2	3	2	4	4	4	3	4	2	3	0
制度文本缺陷率	24%		岗位设置缺陷率 24%						25%				审批流程缺陷率 77%				87%						业务表单缺陷率 87%	

外江管理处 / 黑龙滩灌区管理处 / 通济堰管理处

项目	外江管理处 制度 标准	实际	岗位 标准	实际	流程 标准	实际	表单 标准	实际	黑龙滩灌区管理处 制度 标准	实际	岗位 标准	实际	流程 标准	实际	表单 标准	实际	通济堰管理处 制度 标准	实际	岗位 标准	实际	流程 标准	实际	表单 标准	实际
灌区规划编制	1	0	1	0	1	0	1	0	1	0	1	0	1	0	1	0	1	0	1	0	1	0	1	0
工程项目确立	1	1	1	1	1	1	1	1	1	1	1	1	1	1	1	0	1	1	1	1	1	1	1	1
工程项目设计及概预算	4	4	4	4	4	4	4	4	4	0	4	4	4	4	4	0	4	4	4	4	4	1	4	0
工程项目实施与监督	8	7	8	7	8	8	8	4	8	7	8	7	8	8	8	0	8	8	8	6	8	0	8	0
资金管理	2	1	2	1	2	2	2	0	2	2	2	2	2	2	2	0	2	1	2	2	2	0	2	0
竣工验收和后评价	4	3	4	3	4	4	3	3	4	2	4	3	4	4	3	1	4	4	4	3	4	2	3	0
制度文本缺陷率	24%								审批流程缺陷率 25%								业务表单缺陷率 87%							

注：表内"标准"所列示数字为某部分制度内容应当具备的环节数量，"实际"所列示数字为某部分分制度内部控制制度缺失。各实际具备的环节数量，两者之差表示制度设计缺陷。人民渠第二管理处的工程项目管理内部控制制度缺陷。

（2）内部控制存在缺陷

制度文本：在管理制度中，东风渠管理处、人民渠第一管理处、外江管理处、黑龙滩灌区管理处、通济堰管理处缺少对单位灌区规划编制部分的相关规定；黑龙滩灌区管理处缺少对单位工程项目设计及概预算部分中"初步设计"环节的相关规定；人民渠第一管理处、黑龙滩灌区管理处缺少对单位工程项目设计及概预算部分中"项目概算、施工图设计"环节的相关规定；黑龙滩灌区管理处缺少对单位工程项目设计及概预算部分中"项目预算"环节的相关规定；人民渠第一管理处缺少对单位工程项目实施与监督部分中"工程监理"环节的相关规定；外江管理处缺少对单位工程项目实施与监督部分中"合同管理"环节的相关规定；黑龙滩灌区管理处缺少对单位工程项目实施与监督部分中"工程施工"环节的相关规定；人民渠第一管理处缺少对单位工程项目实施与监督部分中"工程变更"环节的相关规定；外江管理处、通济堰管理处缺少对单位资金管理部分中"资金筹集"环节的相关规定；黑龙滩灌区管理处缺少对单位竣工验收和后评价部分中"竣工决算"环节的相关规定；人民渠第一管理处缺少对单位竣工验收和后评价部分中"资产移交"环节的相关规定；人民渠第一管理处、外江管理处、黑龙滩灌区管理处、通济堰管理处缺少对单位竣工验收和后评价部分中"绩效管理"环节的相关规定。

岗位职责：在管理制度中，东风渠管理处、人民渠第一管理处、外江管理处、黑龙滩灌区管理处、通济堰管理处在单位灌区规划编制部分，黑龙滩灌区管理处在单位工程项目设计及概预算部分中"初步设计"环节，人民渠第一管理处、黑龙滩灌区管理处在单位工程项目设计及概预算部分中"项目概算、施工图设计"环节，黑龙滩灌区管理处在单位工程项目设计及概预算部分中"项目预算"环节，人民渠第一管理处在单位工程项目实施与监督部分中"工程监理"环节，外江管理处在单位工程项目实施与监督部分中"合同管理"环节，黑龙滩灌区管理处在单位工程项目实施与监督部分中"工程施工"环节，人民渠第一管理处、通济堰管理处在单位工程项目实施与监督部分中"工程变更"环节，通济堰管理处在单位工程项目实施与监督部分中"工程质量控制体系"环节，外江管理处在单位资金管理部分中"资金筹集"环节，黑龙滩灌区管理处在单位竣工验收和后评价部分中"竣工决算"环节，人民渠第一管理处在单位竣工验收和后评价部分中"资产移交"环节，人民渠第一管理处、外江管理处、黑龙滩灌区管理处、通济堰管理处在单位竣工验收和后评价部分中"绩效管理"环节，均未能明确相应岗位职责。

工作流程：在管理制度中，东风渠管理处、人民渠第一管理处、外江管理处、黑龙滩灌区管理处、通济堰管理处在单位灌区规划编制部分，黑龙滩灌区管理处在单位工程项目确立部分中"可行性研究"环节，外江管理处、黑龙滩灌区管理处在单位工程项目设计及概预算部分中"初步设计"环节，人民渠第一管理处、外江管理处、黑龙滩灌区管理处、通济堰管理处在单位工程项目设计及概预算部分中"项目概算"环节，东风渠管理处、人民渠第一管理处、外江管理处、黑龙滩灌区管理处、通济堰管理处在单位工程项目设计及概预算部分中"施工图设计"环节，外江管理处、黑龙滩灌区管理处、通济堰管理处在单位工程项目设计及概预算部分中"项目预算"环节，东风渠管理处、外江管理处、黑龙滩灌区管理处、通济堰管理处在单位工程项目实施与监督部分中"招标管理"环节，东风渠管理处、人民渠第一管理处、外江管理处、黑龙滩灌区管理处、通济堰管理处在单位工程项目实施与监督部分中"工程监理"环节，人民渠第一管理处、外江管理处、黑龙滩灌区管理处、通济堰管理处在单位工程项目实施与监督部分中"合同管理"环节，东风渠管理处、人民渠第一管理处、外江管理处、黑龙滩灌区管理处、通济堰管理处在单位工程项目实施与监督部分中"工程施工"环节，人民渠第一管理处、外江管理处、黑龙滩灌区管理处、通济堰管理处在单位工程项目实施与监督部分中"工程变更"环节，东风渠管理处、外江管理处、黑龙滩灌区管理处、通济堰管理处在单位工程项目实施与监督部分中"工程质量控制体系"环节，东风渠管理处、人民渠第一管理处、外江管理处、黑龙滩灌区管理处、通济堰管理处在单位工程项目实施与监督部分中"安全责任体系"环节，人民渠第一管理处、外江管理处、黑龙滩灌区管理处、通济堰管理处在单位工程项目实施与监督部分中"档案管理"环节，东风渠管理处、人民渠第一管理处、外江管理处、黑龙滩灌区管理处、通济堰管理处在单位资金管理部分中"资金筹集"环节，东风渠管理处、外江管理处、通济堰管理处在单位资金管理部分中"工程款支付"环节，外江管理处、黑龙滩灌区管理处在单位竣工验收和后评价部分中"竣工验收"环节，东风渠管理处、外江管理处、黑龙滩灌区管理处在单位竣工验收和后评价部分中"竣工决算"环节，东风渠管理处、人民渠第一管理处、外江管理处、黑龙滩灌区管理处、通济堰管理处在单位竣工验收和后评价部分中"资产移交、绩效管理"环节，未能明确界定相应经济活动的审核审批流程。

业务表单：在管理制度中，东风渠管理处、人民渠第一管理处、外江管理处、黑龙滩灌区管理处、通济堰管理处在单位灌区规划编制部分，东风渠管理处、外江管理处、黑龙滩灌区管理处在单位工程项目确立部分中"可行性研究"环节，东风渠管理处、外江管理处、黑龙滩灌区管理处、通济堰管理处在单位工程项目设计及概预算部分中"初步设计"环节，东风渠管理处、人民渠第一管理处、外江管理处、黑龙滩灌区管理处、通济堰管理处在单位工程项目设计及概预算部分中"项目概算、施工图设计"环节，东风渠管理处、外江管理处、黑龙滩灌区管理处、通济堰管理处在单位工程项目设计及概预算部分中"项目预算"环节，东风渠管理处、人民渠第一管理处、外江管理处、黑龙滩灌区管理处、通济堰管理处在单位工程项目实施与监督部分中"招标管理"环节，东风渠管理处、人民渠第一管理处、黑龙滩灌区管理处、通济堰管理处在单位工程项目实施与监督部分中"工程监理"环节，东风渠管理处、人民渠第一管理处、外江管理处、黑龙滩灌区管理处、通济堰管理处在单位工程项目实施与监督部分中"合同管理"环节，东风渠管理处、人民渠第一管理处、黑龙滩灌区管理处、通济堰管理处在单位工程项目实施与监督部分中"工程施工"环节，东风渠管理处、人民渠第一管理处、外江管理处、黑龙滩灌区管理处、通济堰管理处在单位工程项目实施与监督部分中"工程变更"环节，东风渠管理处、人民渠第一管理处、黑龙滩灌区管理处、通济堰管理处在单位工程项目实施与监督部分中"工程质量控制体系"环节，东风渠管理处、黑龙滩灌区管理处、通济堰管理处在单位工程项目实施与监督部分中"安全责任体系"环节，东风渠管理处、人民渠第一管理处、外江管理处、黑龙滩灌区管理处、通济堰管理处在单位工程项目实施与监督部分中"档案管理"环节及资金管理部分中"资金筹集、工程款支付"环节，东风渠管理处、外江管理处、通济堰管理处在单位竣工验收和后评价部分中"竣工验收"环节，东风渠管理处、外江管理处、黑龙滩灌区管理处、通济堰管理处在单位竣工验收和后评价部分中"竣工决算"环节，东风渠管理处、人民渠第一管理处、外江管理处、黑龙滩灌区管理处、通济堰管理处在单位竣工验收和后评价部分中"资产移交"环节，未曾提及相对应的审批业务表单作为制度有效执行的载体及佐证材料。

共性问题：在工程项目管理内部控制制度文本方面，各单位在灌区规划编制部分均缺少相关规定。在工程项目管理内部控制岗位职责方面，各单位在灌区规划编制部分均未能明确相应岗位职责。在工程项目管理内部控制工作流程方面，各单位在灌区规划编制部分，工程项目设计及概预算部分中"施工图设计"环节，工程项目实施与监督部分中"工程监理、工程施工、安全责任体系"环节，资金管理部分中"资金筹集"环节，竣工验收和后评价部分中"资产移交、绩效管理"环节，均未能明确界定相应经济活动的审核审批流程。在工程项目管理内部控制业务表单方面，各单位在灌区规划编制部分，工程项目设计及概预算部分中"项目概算、施工图设计"环节，工程项目实施与监督部分中"招标管理、合同管理、工程变更、档案管理"环节，资金管理部分中"资金筹集、工程款支付"环节，竣工验收和后评价部分中"绩效管理"环节，均未曾提及相对应的审批业务表单作为制度有效执行的载体及佐证材料。

2.分析依据

制度文本缺陷中，灌区规划编制部分需遵照《行政事业单位内部控制规范（试行）》（财会〔2012〕21号）第四十八条之规定进行完善；

工程项目设计及概预算部分中"初步设计、项目概算、施工图设计、项目预算"环节需遵照《建设工程质量管理条例》（国务院令第687号）第十一条，《中央国家机关办公用房大中修项目及经费管理暂行办法》（国管房地〔2010〕570号）第十一条、第十六条，《中央国家机关建设项目管理办法（试行）》（国管房地〔2004〕153号）第二十条，《基本建设财务管理规定》（财建〔2002〕394号）第五条，《行政事业单位内部控制规范（试行）》（财会〔2012〕21号）第四十六条之规定进行完善；

工程项目实施与监督部分中"工程监理、合同管理、工程施工、工程变更"环节需遵照《中央国家机关建设项目管理办法（试行）》（国管房地〔2004〕153号）第十七条、第二十四条，《中央预算内直接投资项目概算管理暂行办法》（发改投资〔2015〕482号）第五条、第十一条、第二十四条，《关于修改〈建设工程勘察设计管理条例〉的决定》（国务院令第293号）第二十八条、第三十条，《中华人民共和国招标投标法》（主席令第86号）第十九条、第三十一条、第四十六条、第四十八条、第四十九条、第五十九条、第六十条，《建设工程质量管理条例》（国务院令第687号），《行政事业单位内部控制规范（试行）》（财会〔2012〕21号）第五十二条之规定进行完善；

资金管理部分中"资金筹集"环节需遵照《工程建设项目招标范围和规模标准规定》（国家发展计划委员会令第3号）第五条、《中央预算内直接投资项目概算管理暂行办法》（发改投资〔2015〕482号）第十八条之规定进行完善；

竣工验收和后评价部分中"竣工决算、资产移交、绩效管理"需遵照《行政事业单位内部控制规范（试行）》（财会〔2012〕21号）第五十三条，《基本建设财务规则》（财政部令第81号）第四条、第十九条、第五十至第五十四条之规定进行完善。

岗位职责、工作流程及业务表单缺陷，需遵照《行政事业单位内部控制规范（试行）》（财会〔2012〕21号）第十二条之规定进行完善。

3.管理建议

相关单位应当依据上位法律法规，在内部控制制度中完善灌区规划编制、初步设计、项目概算、施工图设计、项目预算、工程监理、合同管理、工程施工、工程变更、资金筹集、竣工决算、资产移交、绩效管理相关内容，加强工程项目管理，确保水利工程等建设项目符合法律法规规定，防范、化解工程项目管理风险，并制定涵盖所有部门及岗位的岗位职责清单，明确各岗位职责范围及审批权限，补充工程项目管理内部控制制度及相应部分的流程及表单。

存在风险：部分单位的工程项目管理制度在灌区规划编制、工程项目确立、工程项目设计及概预算、工程项目实施与监督、资金管理、竣工验收和后评价部分不够完善。

风险类型：制度设计有效性。

建议性质：需要整改。

风险等级：中。

存在风险：工程项目管理岗位职责、审批流程及业务表单设置存在不足。

风险类型：制度设计有效性。

建议性质：管理提升。

风险等级：低。

（七）合同管理

1.制度分析

（1）整体分析

各单位有关合同管理的制度包括《四川省都江堰东风渠管理处合同管理内部控制手册》《四川省都江堰人民渠第一管理处合同管理内部控制手册》《四川省都江堰人民渠第二管理处合同管理办法》《四川省都江堰外江管理处合同管理内部控制制度》《四川省都江堰黑龙滩灌区管理处合同管理内部控制业务规范》《四川省通济堰管理处合同管理内部控制制度》等，相关内容可概括分为总则、组织结构及岗位职责、合同订立管理、合同履行管理、合同的变更和解除、合同纠纷处理、合同档案管理、合同监督检查、责任追究管理等部分。

在合同管理内部控制制度设计的有效性方面，各单位通过制度文本建立了较为完整的合同管理内部控制制度体系，但在合同订立、合同履行、合同归档部分需进一步完善，见表13（内部控制制度文本缺陷率：19%；内部控制岗位设置缺陷率：19%；内部控制审批流程缺陷率：39%；内部控制业务表单缺陷率：69%）。

（2）设计缺陷

制度文本：在管理制度中，人民渠第一管理处缺少对单位合同订立部分中"合同起草"环节的相关规定；东风渠管理处、人民渠第二管理处、外江管理处缺少对单位合同订立部分中"合同备案"

表13　各单位合同管理内部控制建设缺陷情况

项目	东风渠管理处 制度 标准	制度 实际	岗位 标准	岗位 实际	流程 标准	流程 实际	表单 标准	表单 实际	人民渠第一管理处 制度 标准	制度 实际	岗位 标准	岗位 实际	流程 标准	流程 实际	表单 标准	表单 实际	人民渠第二管理处 制度 标准	制度 实际	岗位 标准	岗位 实际	流程 标准	流程 实际	表单 标准	表单 实际
合同订立	7	6	7	6	7	6	5	2	7	6	7	6	7	3	5	1	7	4	7	4	7	1	5	1
合同履行	6	4	5	4	2	2	2	0	6	5	5	4	2	2	2	0	6	3	5	2	2	2	2	2
合同归档	3	2	2	2	2	2	2	0	3	1	2	1	2	1	2	0	3	3	2	2	2	0	2	0

项目	外江管理处 制度 标准	制度 实际	岗位 标准	岗位 实际	流程 标准	流程 实际	表单 标准	表单 实际	黑龙滩灌区管理处 制度 标准	制度 实际	岗位 标准	岗位 实际	流程 标准	流程 实际	表单 标准	表单 实际	通济堰管理处 制度 标准	制度 实际	岗位 标准	岗位 实际	流程 标准	流程 实际	表单 标准	表单 实际
合同订立	7	6	7	6	7	1	5	1	7	7	7	7	7	7	5	3	7	5	7	5	7	7	5	3
合同履行	6	5	5	4	2	0	2	0	6	5	5	4	2	2	2	2	6	5	5	3	2	0	2	0
合同归档	3	3	2	2	2	0	2	0	3	3	2	2	2	2	2	2	3	3	2	2	2	2	2	0

制度文本缺陷率	岗位设置缺陷率	审批流程缺陷率	业务表单缺陷率
19%	19%	39%	69%

注：表内"标准"所列示数字为某部分制度内容应当具备的环节数量，"实际"所列示数字为某部分制度内各实际具备的环节数量，两者之差表示制度设计缺陷。

环节的相关规定；人民渠第二管理处缺少对单位合同订立部分中"合同订立、合同印章管理"环节的相关规定；人民渠第二管理处缺少对单位合同履行部分中"合同变更、转让与解除"环节的相关规定；东风渠管理处、人民渠第一管理处、人民渠第二管理处、外江管理处、黑龙滩灌区管理处、通济堰管理处缺少对单位合同履行部分中"合同验收"环节的相关规定；人民渠第二管理处缺少对单位合同履行部分中"合同价款支付"环节的相关规定；东风渠管理处缺少对单位合同履行部分中"风险及权益归属"环节的相关规定；东风渠管理处、人民渠第一管理处缺少对单位合同归档部分中"合同信息安全保密"环节的相关规定；人民渠第一管理处缺少对单位合同归档部分中"合同登记管理"环节的相关规定。

岗位职责：在管理制度中，人民渠第一管理处在单位合同订立部分中"合同起草"环节，东风渠管理处、人民渠第二管理处、外江管理处在单位合同订立部分中"合同备案"环节，人民渠第二管理处在单位合同订立部分中"合同订立、合同印章管理"环节，人民渠第二管理处在单位合同履行部分中"合同变更、转让与解除"环节，东风渠管理处、人民渠第一管理处、人民渠第二管理处、外江管理处、黑龙滩灌区管理处、通济堰管理处在单位合同履行部分中"合同验收"环节，人民渠第二管理处、通济堰管理处在单位合同履行部分中"合同价款支付"环节，人民渠第一管理处在单位合同归档部分中"合同登记管理"环节，均未能明确相应岗位职责。

工作流程：在管理制度中，人民渠第一管理处、人民渠第二管理处、外江管理处在单位合同订立部分中"履约能力调查、合同谈判、合同起草"环节，东风渠管理处、人民渠第一管理处、人民渠第二管理处、外江管理处在单位合同订立部分中"合同备案"环节，人民渠第二管理处、外江管理处在单位合同订立部分中"合同订立"环节，人民渠第二管理处、外江管理处在单位合同订立部分中"合同印章管理"环节，外江管理处、通济堰管理处在单位合同履行部分中"合同变更、转让与解除"环节，外江管理处、通济堰管理处在单位合同履行部分中"合同纠纷处理"环节，人民渠第一管理处在单位合同归档部分中"合同登记管理"环节，未能明确界定相应经济活动的审核审批流程。

业务表单：在管理制度中，东风渠管理处、人民渠第一管理处、人民渠第二管理处、外江管理处在单位合同订立部分中"履约能力调查"环节，东风渠管理处、人民渠第一管理处、人民渠第二管理处、外江管理处、通济堰管理处在单位合同订立部分中"合同谈判"环节，东风渠管理处、人民渠第一管理处、人民渠第二管理处、外江管理处、黑龙滩灌区管理处在单位合同订立部分中"合同备案"环节，人民渠第一管理处、人民渠第二管理处、外江管理处、黑龙滩灌区管理处、通济堰管理处在单位合同订立部分中"合同印章管理"环节，东风渠管理处、人民渠第一管理处、外江管理处、通济堰管理处在单位合同履行部分中"合同变更、转让与解除"环节，东风渠管理处、人民渠第一管理处、外江管理处、通济堰管理处在单位合同履行部分中"合同纠纷处理"环节，东风渠管理处、人民渠第一管理处、人民渠第二管理处、外江管理处、通济堰管理处在单位合同归档部分中"合同登记管理、合同归档与保管"环节，未曾提及相对应的审批业务表单作为制度有效执行的载体及佐证材料。

共性问题：在合同管理内部控制制度文本方面，各单位在合同履行部分中"合同验收"环节均缺少相关规定。在合同管理内部控制岗位职责方面，各单位在合同履行部分中"合同验收"环节均未能明确相应岗位职责。在合同管理内部控制业务表单方面，各单位在合同归档部分中"合同登记管理、合同归档与保管"环节均未曾提及相对应的审批业务表单作为制度有效执行的载体及佐证材料。

2. 分析依据

制度文本缺陷中，合同订立部分中"合同起草、合同备案、合同订立、合同印章管理"环节需遵照《中华人民共和国民法典》第四百六十九条、第四百七十一条、第四百七十二条、第四百七十三条、第七百零六条，《行政事业单位内部控制规范（试行）》（财会〔2012〕21号）第五十四条、第五十五条之规定进行完善；

合同履行部分中"合同变更转让与解除、合同验收、合同价款支付"环节需遵照《中华人民共和国民法典》第五百零二条、第五百三十三条、第五百六十二条、第五百六十三条、第六百二十六条、第六百二十七条、第六百二十八条、第六百二十九条、第七百九十三条、第八百四十五条之规定进行完善；

合同归档部分中"合同信息安全保密、合同登记管理"环节需遵照《中华人民共和国民法典》第五百零一条、第七百零六条之规定进行完善。

岗位职责、工作流程及业务表单缺陷，需遵照《行政事业单位内部控制规范（试行）》（财会〔2012〕21号）第十二条之规定进行完善。

3. 管理建议

相关单位应当依据上位法律法规，在内部控制制度中完善合同起草、合同备案、合同订立、合同印章管理、合同变更、转让与解除、合同验收、合同价款支付、风险及权益归属、合同信息安全保密、合同登记管理相关内容，加强合同管理，防范、化解潜在的诉讼风险，并制定涵盖所有部门及岗位的岗位职责清单，明确各岗位职责范围及审批权限，补充合同管理内部控制制度及相应部分的流程及表单。

存在风险：部分单位的合同管理制度在合同订立、合同履行和合同归档部分不够完善。

风险类型：制度设计有效性。

建议性质：需要整改。

风险等级：低。

存在风险：合同管理岗位职责、审批流程及业务表单设置存在不足。

风险类型：制度设计有效性。

建议性质：管理提升。

风险等级：低。

第六章
水利事业单位评价与监督有效性分析

一、机关部门评价与监督有效性分析

单位有关评价与监督的制度包括《四川省都江堰管理局内部审计管理办法》《都江堰灌区民主评议政风行风工作指导意见》《都江堰灌区廉政文化进工地实施方案》《四川省都江堰管理局督查督办工作管理办法（试行）》《四川省都江堰管理局中层干部选拔任用和管理办法》。

在评价与监督制度设计的有效性方面，单位通过制度文本建立了较为完整的评价与监督体系。

二、直属单位评价与监督有效性分析

（一）制度分析

1.整体分析

各单位有关评价与监督的制度包括《四川省都江堰东风渠管理

处内部控制评价手册》《四川省都江堰东风渠管理处内部控制基本制度》《四川省都江堰人民渠第一管理处内部审计管理办法》《四川省都江堰人民渠第二管理处内部审计工作八条规定》《中共四川省都江堰人民渠第二管理处委员会党风廉政建设责任制实施办法》《四川省都江堰外江管理处内部控制基本制度》《四川省都江堰外江管理处内部控制监督管理办法》，相关内容可概括分为总则、内部审计的范围和内容、内部审计工作程序和注意事项、审计档案管理、奖励与处罚等部分。

由于黑龙滩灌区管理处、通济堰管理处关于评价与监督相关的制度均缺失，因此项目组仅对东风渠管理处、人民渠第一管理处、人民渠第二管理处、外江管理处等四个管理处的评价与监督内部控制制度建设情况进行分析。

在评价与监督内部控制制度设计的有效性方面，各单位尚未通过制度文本建立基本的评价与监督内部控制制度体系，在内部控制评价、内部监督、结果应用部分亟须进一步完善，见表14（内部控制制度文本缺陷率：72%；内部控制岗位设置缺陷率：72%；内部控制审批流程缺陷率：100%；内部控制业务表单缺陷率：100%）。

2.内部控制存在缺陷

制度文本：在管理制度中，人民渠第一管理处、人民渠第二管理处缺少对单位内部控制评价部分的相关规定；东风渠管理处、外江管理处缺少对单位内部监督部分中"内部审计"环节的相关规定；东风渠管理处、人民渠第一管理处、人民渠第二管理处缺少对单位内部监督部分中"内部巡视"环节的相关规定；人民渠第一管

表14　各单位评价与监督内部控制建设缺陷情况

| | 东风堰管理处 | | | | | | | | 人民渠第一管理处 | | | | | | | | 人民渠第二管理处 | | | | | | | |
| | 制度 | | 岗位 | | 流程 | | 表单 | | 制度 | | 岗位 | | 流程 | | 表单 | | 制度 | | 岗位 | | 流程 | | 表单 | |
	标准	实际	标准	实际	标准	实际	标准	实际	标准	实际	标准	实际	标准	实际	标准	实际	标准	实际	标准	实际	标准	实际	标准	实际
评价	1	1	1	0	1	0	1	0	1	1	1	1	1	1	1	1	1	1	1	1	1	1	1	1
内部监督	2	0	2	0	2	0	2	0	2	1	2	1	2	0	2	0	2	1	2	1	2	0	2	0
结果应用	3	1	0	0	0	0	0	0	3	0	0	0	0	0	0	0	3	2	0	0	0	0	0	0
制度文本缺陷率	72%								100%								100%							

| | 外江管理处 | | | | | | | | 黑龙滩灌区管理处 | | | | | | | | 通济堰管理处 | | | | | | | |
| | 制度 | | 岗位 | | 流程 | | 表单 | | 制度 | | 岗位 | | 流程 | | 表单 | | 制度 | | 岗位 | | 流程 | | 表单 | |
	标准	实际	标准	实际	标准	实际	标准	实际	标准	实际	标准	实际	标准	实际	标准	实际	标准	实际	标准	实际	标准	实际	标准	实际
评价	1	1	1	0	1	0	1	0	1	1	1	0	1	0	1	0	1	1	1	1	1	1	1	1
内部监督	2	1	2	0	2	0	2	0	2	0	2	0	2	0	2	0	2	1	2	1	2	0	2	0
结果应用	3	2	0	0	0	0	0	0	3	0	0	0	0	0	0	0	3	0	0	0	0	0	0	0
岗位设置缺陷率	72%								审批流程缺陷率 72%								业务表单缺陷率 100%							

注：表内"标准"所列示数字为某部分制度内容应当具备的环节数量，"实际"所列示数字为某部分制度内容各实际具备的环节数量，两者之差表示制度设计缺陷。

理处、人民渠第二管理处缺少对单位结果应用部分中"完善内部管理制度的依据"环节的相关规定；东风渠管理处、人民渠第一管理处缺少对单位结果应用部分中"监督问责的重要参考依据"环节的相关规定；东风渠管理处、人民渠第一管理处、外江管理处缺少对单位结果应用部分中"领导干部选拔任用的参考"环节的相关规定。

岗位职责：在管理制度中，东风渠管理处、人民渠第一管理处、人民渠第二管理处在单位内部控制评价部分，东风渠管理处、外江管理处在单位内部监督部分中"内部审计"环节，东风渠管理处、人民渠第一管理处、人民渠第二管理处在单位内部监督部分中"内部巡视"环节，未能明确相应岗位职责。

工作流程：在管理制度中，东风渠管理处、人民渠第一管理处、人民渠第二管理处、外江管理处在单位内部控制评价部分，内部监督部分中"内部审计、内部巡视"环节，未能明确界定相应评价监督活动的审核审批流程。

业务表单：在管理制度中，东风渠管理处、人民渠第一管理处、人民渠第二管理处、外江管理处在单位内部控制评价部分，内部监督部分中"内部审计、内部巡视"环节，未曾提及相对应的审批业务表单作为制度有效执行的载体及佐证材料。

共性问题：在评价与监督内部控制工作流程方面，各单位在内部控制评价部分，内部监督部分中"内部审计、内部巡视"环节，均未能明确界定相应评价监督活动的审核审批流程。在评价与监督内部控制业务表单方面，各单位在内部控制评价部分，内部监督部分中"内部审计、内部巡视"环节，均未曾提及相对应的审批业务表单作为制度有效执行的载体及佐证材料。

（二）分析依据

制度文本缺陷中，内部控制评价部分、内部监督部分中"内部审计、内部巡视"环节，结果应用部分中"完善内部管理制度的依据、监督问责的重要参考依据、领导干部选拔任用的参考"环节，需遵照《行政事业单位内部控制规范（试行）》（财会〔2012〕21号）第六十至第六十四条之规定进行完善。

岗位职责、工作流程及业务表单缺陷，需遵照《行政事业单位内部控制规范（试行）》（财会〔2012〕21号）第十二条之规定进行完善。

（三）管理建议

相关单位应当依据上位法律法规，在内部控制制度中完善内部控制评价、内部审计、内部巡查、完善内部管理制度的依据、监督问责的重要参考依据、领导干部选拔任用的参考相关内容，加强对单位内部控制执行情况的评价与监督，防范、化解经济活动风险，并制定涵盖相关部门及岗位的岗位职责清单，明确各岗位职责范围及审批权限，补充评价与监督内部控制制度及相应部分的流程及表单。

存在风险：部分单位的评价与监督内部控制制度在内部控制评价、内部监督、内部巡查、结果应用部分不够完善。

风险类型：制度设计有效性。

建议性质：需要整改。

风险等级：中。

存在风险：评价与监督岗位职责、审批流程及业务表单设置存在不足。

风险类型：制度设计有效性。

建议性质：管理提升。

风险等级：低。

第七章
水利事业单位信息与沟通有效性分析

一、机关部门信息与沟通有效性分析

（一）制度分析

1.整体分析

单位有关信息与沟通的制度包括《四川省都江堰管理局门户网站信息发布管理办法》。

在信息与沟通内部控制制度设计的有效性方面，单位未能建立基本的信息与沟通内部控制制度体系，在信息公开部分中"内部公开"环节仍需完善，见表15（内部控制制度文本缺陷率：50%；内部控制岗位设置缺陷率：50%；内部控制审批流程缺陷率：50%；内部控制业务表单缺陷率：50%）。

2.设计缺陷

制度文本：在管理制度中，单位缺少对内部公开部分的相关规定。

表15　四川省都江堰管理局信息与沟通内部控制建设缺陷情况

	制度		岗位		流程		表单	
	标准	实际	标准	实际	标准	实际	标准	实际
内部公开	1	0	1	0	1	0	1	0
外部公开	1	1	1	1	1	1	1	1
缺陷率	50%		50%		50%		50%	

注：表内"标准"所列示数字为某部分制度内容应当具备的环节数量，"实际"所列示数字为某部分制度内容实际具备的环节数量，两者之差表示制度设计缺陷。

岗位职责：在管理制度中，单位在内部公开部分未能明确相应岗位职责。

工作流程：在管理制度中，单位在内部公开部分未能明确界定相应经济活动的审核审批流程。

业务表单：在管理制度中，单位在内部公开部分未曾提及相对应的审批业务表单作为制度有效执行的载体及佐证材料。

（二）分析依据

制度文本缺陷中，内部公开部分需遵照《行政事业性国有资产管理条例》（国务院令第738号），《财政部关于做好政府采购信息公开工作的通知》（财库〔2015〕135号）之规定进行完善。

岗位职责、工作流程及业务表单缺陷，需遵照《行政事业单位内部控制规范（试行）》（财会〔2012〕21号）第十二条之规定进行完善。

（三）管理建议

单位应当依据上位法律法规，在内部控制制度中完善信息内部公开相关内容，加强信息公开管理，并制定涵盖相关部门及岗位的岗位职责清单，明确各岗位职责范围及审批权限，补充信息公开管理内部控制制度及相应部分的流程及表单。

存在风险：信息内部公开制度不完善。

风险类型：制度设计有效性。

建议性质：需要整改。

风险等级：中。

存在风险：岗位职责、审批流程及业务表单设置存在不足。

风险类型：制度设计有效性。

建议性质：管理提升。

风险等级：低。

二、直属单位信息与沟通有效性分析

各单位有关信息公开的制度包括《人民渠第一管理处预算管理制度》《人民渠第一管理处采购管理制度》《四川省都江堰人民渠第二管理处公务接待管理实施办法（试行）》《四川省都江堰外江管理处办事公开制度（修订）》《四川省都江堰外江管理处预算管理内部控制制度》《黑龙滩灌区管理处预算管理制度》等。

东风渠管理处、人民渠第二管理处、外江管理处、黑龙滩灌区管理处、通济堰管理处关于内部公开部分，东风渠管理处与通济堰管理处关于外部公开部分的制度文件均缺失。

第八章
水利事业单位内部控制集团化转型探索

一、内部控制集团化转型的必要性

第一，组织层面内部控制中岗位权责不够明晰。都发中心成立之初，机关本级与各管理处（包括东风渠管理处、人民渠第一管理处、人民渠第二管理处、外江管理处、黑龙滩灌区管理处、通济堰管理处、渠首管理处、毗河管理处）尚未形成统一整合的合规内部控制体系，各项业务归口管理职责不够明晰，岗位职责清单并未明确建立，工作流程表单并未统一使用，业务审核审批流程存在断点、卡点等问题，都发中心机关、各管理处自成体系，严重影响运行效率。

第二，业务层面内部控制中制度建设存在缺漏。都发中心未能根据单位实际情况统一制定各项业务管理制度，新订立的制度普遍存在无法有效指导业务人员合规履职的问题，无法全面结合都发中心实际情况落地实施。四川省都江堰灌区一体化改革前各单位的业务管理制度无法全面覆盖现行都发中心的运行体系，存在制度管理空白，各管理处业务自由裁量权较大，且已有制度标准不统一、口径不一致导致业务管控风险较大，急需改进。

第三，信息层面内部控制中数据监管未能集束。都发中心尚未形成一套连通各管理处原有内部控制信息系统的综合信息平台。从制度层面看，缺少指导各管理处搭建统一内控平台的明确要求；从流程层面看，缺少串联各管理处以及上下级单位间的审批数据传递路径；从标准层面看，缺少设置权责明晰、相互制衡的电子审核岗位；从业务表单层面看，缺少设置各项业务申请审核的信息载体；从信息化层面看，缺少内部控制独立运行避免人为影响的信息系统；从智能化层面看，缺少提高系统运行效率的新兴技术手段。以至于无法实现单位上下一体化智能管控，导致都发中心项目、资金的运行与监管等环节存在人为操纵风险，无法全面调动都发中心人力、技术、资金等资源，显著降低了各项业务的经办效率，存在国有资产流失的潜在风险。

二、内部控制集团化转型思路

第一，组织权责层面确立，明确决策主体与机制。通过实施都发中心各机关本级各部门、各管理处及其下属管理站的内部控制集团化转型、集约化管理，强化对人、财、物等业务事项的规则制定权和对"三重一大"事项的管理权、监督权的集中施行，实现都发中心机关对各管理处及其下属管理站业财管控的"远程投放"和"标准化复制"；坚持因点施策、因业施策、因地制宜，区分不同业务特点、灌区情况、管理复杂程度等情况，探索完善各管理处差异化管控模式，实现集中监管与放权授权相统一、管好与放活相统一。通过建立集体研究、专家论证和技术咨询相结合的议事决策机制，加强对各管理处重大经济活动事项的民主讨论与集体决策，设置"三重一大"事项认定标准，使集体决策的战略把关以及党的领导特质充分发挥，令决策方向更加符合都发中心长期发展战略。通过搭建项目管理中心，统筹管理都发中心机关本级各部门、各管理处及其下属管理站各类经济活动事项；通过搭建财务共享中心，统筹管理都发中心全部预决算以及收支等资金活动事项，整合都发中心各管理处及其下属管理站财务人力资源，为各岗位配备具有相应资格和能力的会计人员。明确项目管理中心及财务共享中心内各机关本级各部门的权责边界，对职责不相容的岗位应当相互分离，利用相互制约和相互监督的方式减少不必要的风险。并且，通过实行内部控制关键岗位的轮岗制度，明确轮岗周期，不具备轮岗条件的机关本级部门、各管理处及其下属管理站应当采取专项审计等控制措施，以防范、化解由于权力过度集中导致贪污腐败等风险。

第二，业务活动层面补漏，完善业财管理制度。通过逐条解构国家法律法规和政策，落脚于都发中心各项业务管理制度。一方面，项目管理导向。首先根据中央、地区、行业等外部政策法律法规制定都发中心长期发展规划以及合规管理制度，以此约束资源配置实现灌区长治久安。其次将规划及合规目标分解为阶段性工作目标，各级单位以此为基础制定并落实项目目标。最后通过建立审批流程与业务表单固化业务经办流程及审核标准，便于及时发现可能的风险点并加以防范。其中，都发中心应当建立健全涵盖预算、收支、采购、建设、资产、合同等业务的事前、事中及事后的管理制度，规范业务人员经办、审核行为。另一方面，预算资金导向。都发中心还要着重聚焦关键业务、改革重点领域、国有资本运营重要环节，加强重要岗位和关键人员在授权、审批、执行、报告等方面的权责管控，以财务管理主要对象"票、账、表、钱、税"为维度，强化核算报告、资金管理、成本管控、税务管理、绩效管理五项职能，协同推进都发中心业财管理转型升级，形成项目和资金相互衔接、相互制衡、相互监督的工作机制，切实提高项目合规执行、资金安全流转等重大风险防范能力。

第三，信息平台层面融合，促进业财数据共享。内部控制信息化平台建设作为加强内部控制体系刚性约束的重要手段，首先，都发中心需要通过将控制措施嵌入业务信息系统，对信息系统建设实施归口管理，将经济活动审批流程嵌入单位信息系统，推进都发中心机关本级、各管理处及其下属管理站信息系统间的资源集成共享，以此实现经营管理决策和业务执行活动可控制、可追溯、可检查，有效减少人为违规操纵因素的影响。其次，还要与财政预算管理系统、国有资产管理系统、采购计划管理系统等实现对接或者预留接口，以横向兼顾与税务、审计等单位的联动，纵向兼顾跨层级的数据贯通，从而真正形成"一次建设，多方共享"的全方位、多层次、立体化的平台化、信息化内部控制体系。最后，以监督问责为重要抓手，通过结合财政出资人和内外审计与纪检监察结果，利用内部控制运行数据，强化整改落实和责任追究工作，形成"以查促改""以改促建"的动态优化机制，促进都发中心不断完善内部控制体系，减少或消除人为操纵因素影响，保护信息安全，进而提升都发中心的水利治理以及公共财政资金的使用效能。

三、内部控制集团化转型路径

（一）权责法定分级审核，防范单位合规风险

第一，战略合规导向，决策引领为先。坚持党的领导需建立科学合理的组织架构，即单位组织层面的内部控制建设。党的十八届四中全会提出健全依法决策机制，并把公众参与、专家论证、风险评估、合法性审查和集体讨论决定确定为重大行政决策的法定程序。因此，单位内部控制应明确对党的领导决策机制设置以及权力运行内容，结合都发中心中长期发展战略，梳理四川省都江堰灌区一体化改革前1~3年所涉业务事项重要性以及金额大小，明确"三重一大"事项上会标准与议程。全面梳理内部控制、风险和合规管理相关制度，及时将法律法规等外部监管要求转化为都发中心内部规章制度，防范、化解合规风险，持续完善以党中央国务院领导决策为主的内部管理制度体系，严格遵循单位发展目标与党的决策领导地位。

第二，权责界限明晰，人财物权归集。整合配置都发中心各项资源，突出各业务事项决策的专业性、合规性、统一性。赋予各管理处主要责任人参与都发中心发展战略的制定、预决算报告的审定、岗位人员的任免与考核等方面的集体会议的表决权，同时明确要求其严格履行都发中心决策并监督决策执行效果等责任义务，及时汇总上报业务事项执行数据并进行风险预警，层层把关业务执行方向，避免违背政策法规，充分协同发挥人力资源效果与专业技术

力量。在中央政策、国家法律、行业法规的顶层要求下，都发中心作为上位政策法规执行的主体之一，首先，最高权限决策单位要负责把控政治及战略方向的正确，确保"三重一大"事项的合规审定；一级权限决策单位要负责制定和执行管理制度以确保政策落实方向正确并规范执行过程，体现统一配置资源的内在逻辑。其次，都发中心二级决策执行单位则在遵守上位政策法规的基础上，作为单位内部制度要求传导的第二类主体，受到财政政策、所在行业的法律法规以及单位内部制度约束，体现出单位内部管理制度对公共资源的引导和监督作用。在政策及制度要求传递过程中，各级权限单位都有必要建构科学的内部控制来保障政策及制度传导机制的有效实施。

四川省都江堰水利发展中心组织架构如图1所示。

第三，审批权限设置，业务管理分级。依据对四川省都江堰灌区一体化改革前 1~3 年所涉业务事项的预算资金使用额度与频率进行数据分析，合理设置各级单位负责人的审批权限。例如在分析业财数据过程中，根据业务事项发生频率，将业务事项的风险程度划分为数个等级，发生频率由高到低对应风险等级由低到高，将各风险等级中业务事项单次最大预算资金使用额度设置为都发中心相应等级决策人员（机构）的审定（审议）权限。而需要注意的是，该权限的设置仅为通用业务事项审批的示例，其他涉及"三重一大"业务事项、预决算编制、预算调整、政府集中采购、国有资产处置等特殊事项需单独进行审核审批权限的设置，对易发生合规风险的事项进行重点把控。

（二）项目管理绩效评估，防范战略规划风险

第一，实行项目管理，支持决策规划。单位实行项目制管理方

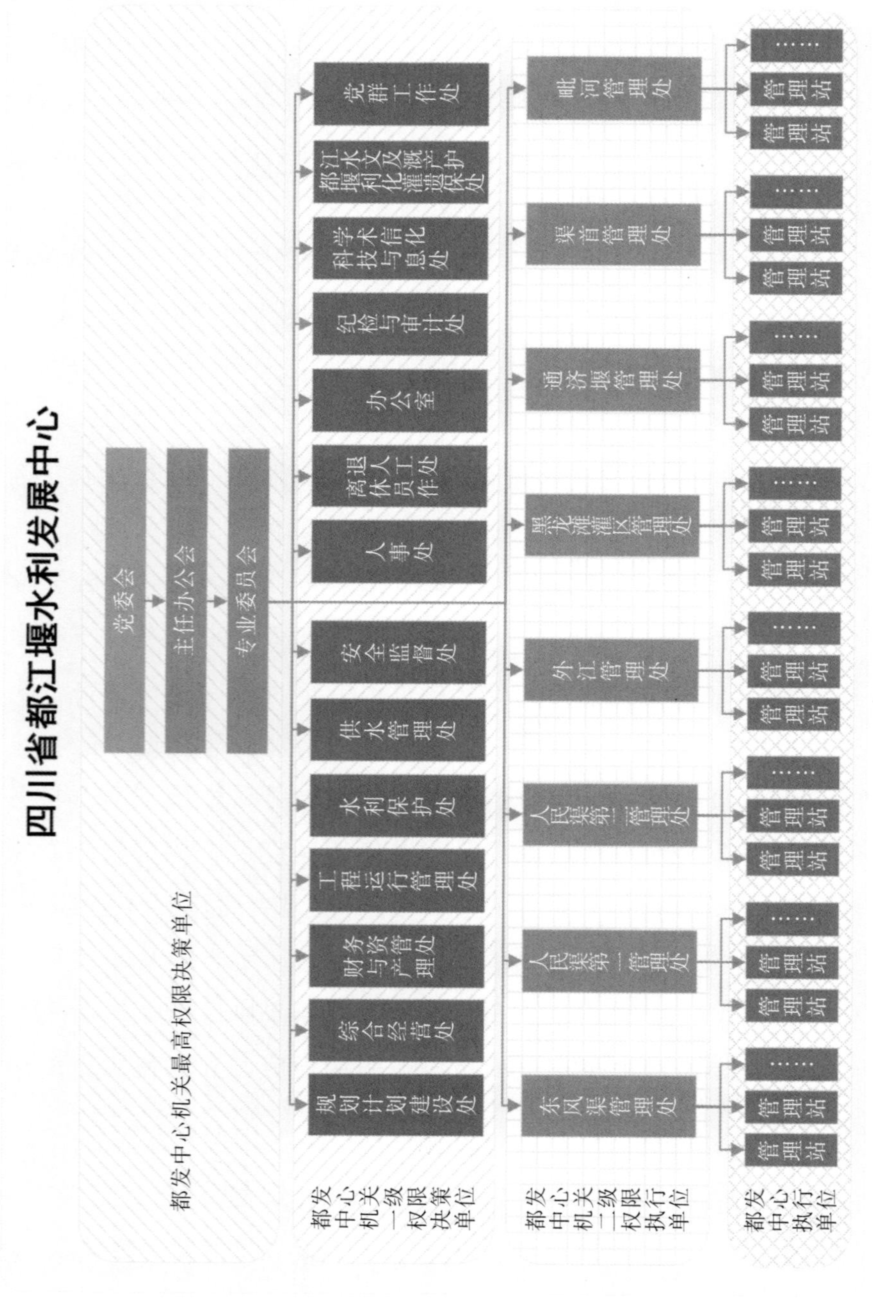

四川省都江堰水利发展中心

党委会
主任办公会
专业委员会

都发中心机关最高权限决策单位

都发中心机关一级权限决策单位

规划计划建设处
综合经营处
财务与资产管理处
工程运行管理处
水利保护处
供水管理处
安全监督处

人事处
离退休人员工作处
办公室
纪检与审计处
科学技术与信息化处
都江堰水利文化灌溉遗产保护处
党群工作处

都发中心机关二级权限执行单位

东风渠管理处
人民渠第二管理处
人民渠第一管理处
外江管理处
黑龙滩灌区管理处
通济堰管理处
渠首管理处
毗河管理处

都发中心执行单位

管理站
管理站
......
管理站
管理站
......
管理站
管理站
......
管理站
管理站
......
管理站
管理站
......
管理站
管理站
......
管理站
管理站
......
管理站
管理站
......

图1 都发中心组织架构

式有利于财政资金的监督管理，加强预算编制的准确性。财政部从2015年起陆续出台关于项目库建设与项目支出预算管理的规定，要求单位各部门"做实项目库，实现精细化管理；结合预算配置，实现差异化管理"。都发中心依托现行职能部门设置情况，协同整合工程建设、采购、人事、经营管理等部门资源和技术力量，同时为便于对都发中心预算收支资金的管理，归集各类项目统一进行入库管理，着重加强各部门负责人以及各专业委员会的专业技术集中化，谨慎评审入库项目的必要性与可行性，防范、化解战略风险。

第二，项目层层制定，严格入库标准。由都发中心机关本级一级权限决策单位初步分解最高权限决策单位制定的各业务长期战略目标（具体可包括工程建设长期战略目标、政府采购长期战略目标、国有资产管理长期战略目标、人员管理长期战略目标等）生成一级规划项目（具体可包括水利建设、修缮、养护等工程长期规划项目；货物、服务、工程等采购长期规划项目；国有资产购买、租赁、维护等长期规划项目；人员招聘、培训等长期规划项目以及其他一级规划项目类型），各类型项目由相应业务归口管理部门进行日常立项审核、执行监督以及绩效评价，统筹落实长期战略目标。例如，由规划计划建设处或综合经营处归口管理，负责对项目进行审核、执行监督以及部门绩效考核等，人事处、办公室以及纪检与审计处协助负责对人员进行合规审查以及绩效考核等。都发中心二级权限执行单位结合自身及其直属各管理站的实际运行情况，在一级规划项目下生成二级（部门本级）、三级（管理站本级）、四级（如需）计划项目，二级及以下层级项目需明确对应到都发中心二级权限执行单位以及所属执行单位的中、短期业务事项，并逐项归属到上一级项目库中。

四川省都江堰水利发展中心项目管理中心组织架构如图2所示。

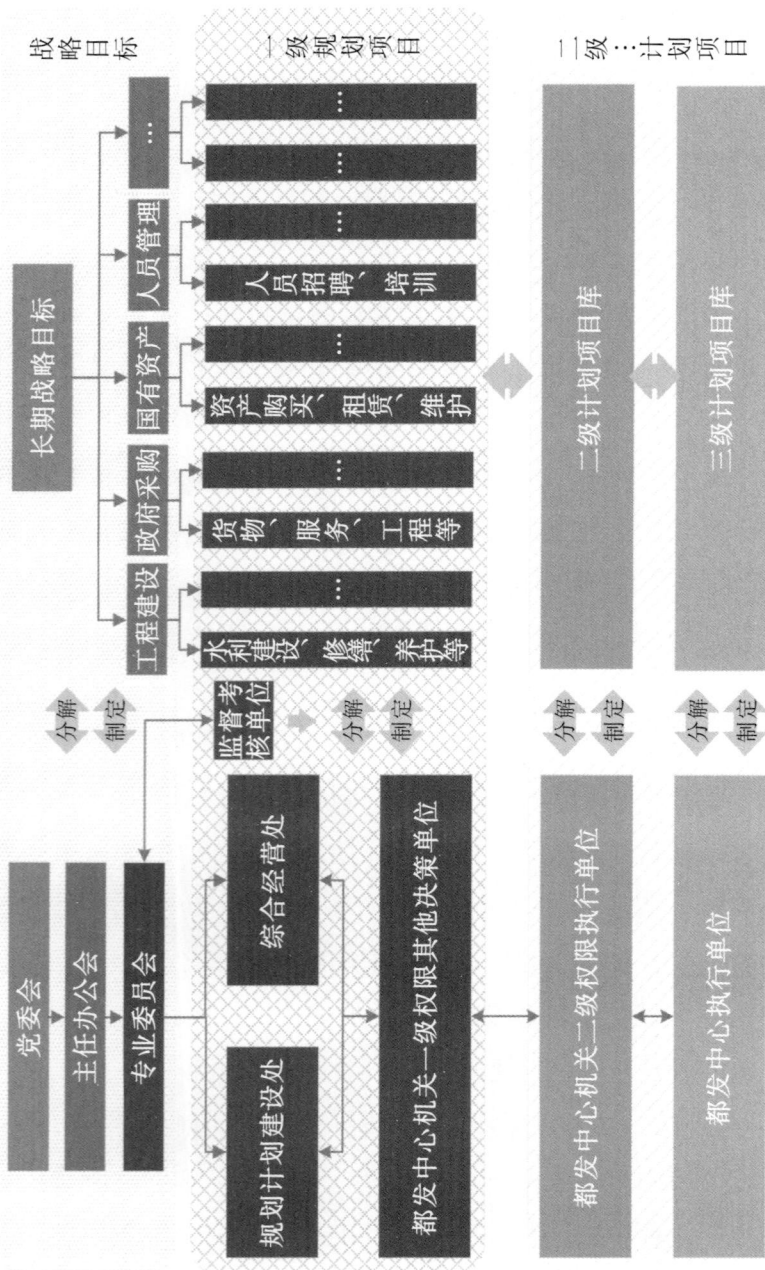

图2 项目管理中心组织架构

第三，规范绩效指标，防范业务风险。项目立项申请岗位需提交与项目信息相匹配的绩效指标，包括但不限于一级指标：项目决策类、投入与管理类、产出类、效益类、满意度类指标；二级指标：项目立项、项目目标、投入管理、业务管理、财务管理、实施管理、数量指标、质量指标、时效指标、成本指标、经济效益指标、社会效益指标、生态效益指标、可持续影响指标、满意度指标等。项目结束后，各业务归口管理部门通过客观、准确地考察与每一项目对应的绩效考核指标是否达成，对各业务执行单位以及相关岗位人员的业务完成质量和进度进行绩效考核，结合办公室、纪检与审计处对相关人员的操作合规性的考核评价结果，生成"业务完成度"评价指数，以此作为季度、中期以及年终考核的重要凭据之一，最终达到稳定战略目标绩效波动的目的。

（三）预算资金集中审批，防范财务管理风险

第一，建立共享中心，调度财务资源。将预算、资金收支业务的审批权集中于财务共享中心，授予财务与资产管理处权限内预决算、资金支出业务的最终审批权，授予除财务与资产管理处外其他一级权限决策单位以预决算、资金支出业务的审核权，授予所有二级权限执行单位及其下级执行单位以预决算、资金收支业务的审核权。根据《关于加强中央企业资金内部控制管理有关事项的通知》文件精神，都发中心应当为财务共享中心设置预算、资金收支业务监管工作原则和任务、职责权限和控制程序，细化资金管理在支出、审批联签、收支结算、银行账户、网银支付、票据管理、不相容岗位设置、上岗资质、定期轮岗、后续教育等关键环节的控制触

发条件和控制标准、缺陷认定标准①。整合都发中心经济核算功能，根据开展业务活动及其他活动的实际需要，集中实行成本核算。统筹管理非财政拨款结余，盘活存量，统筹安排、合理使用，并智能生成财务报告以及决算报告，极大避免人力资源的错配使用，有效提高报告生成速度与质量，防范、化解人为因素导致的财务风险。

第二，协同项目管理，强化预算匹配。依托项目库内各层级项目规划、计划，层层分解都发中心年度预算资金，按照规划类别、预算单位、单位层级、业务类别将相应预算逐一匹配至项目库各类项目当中，做到"无规划不预算、无预算不支出"，加强预算绩效管理，提高资金使用效益，确保每一分钱发挥最大效用。

四川省都江堰水利发展中心财务共享中心组织架构如图3所示。

第三，加强资金监管，防范财务风险。财务共享中心通过对都发中心的预算、收支、结转结余、专项经费、国有资产、负债进行集中管理等，实现事前预算监督、事中执行监督、事后决算监督相结合，日常监督与专项监督相结合的监督模式，依法公开财务信息，并遵守财经纪律和财务制度，依法接受水利和财政、审计等部门的监督，有效避免各级权限单位业务、财务人员发生违法违规行为。利用财务共享中心信息平台实时监控都发中心内各级权限单位间的资金申请及使用情况，收束资金最终审批权限，智能识别财务共享中心内部财务人员的操作行为，定期生成重大资金流转记录报告以及多笔定向资金使用异动情况报告等，协同都发中心内部审计

---

① 资料来源：《关于加强中央企业资金内部控制管理有关事项的通知》（国资发监督〔2021〕19号）http://www.gov.cn/zhengce/zhengceku/2021-03/23/content_5595073.htm。

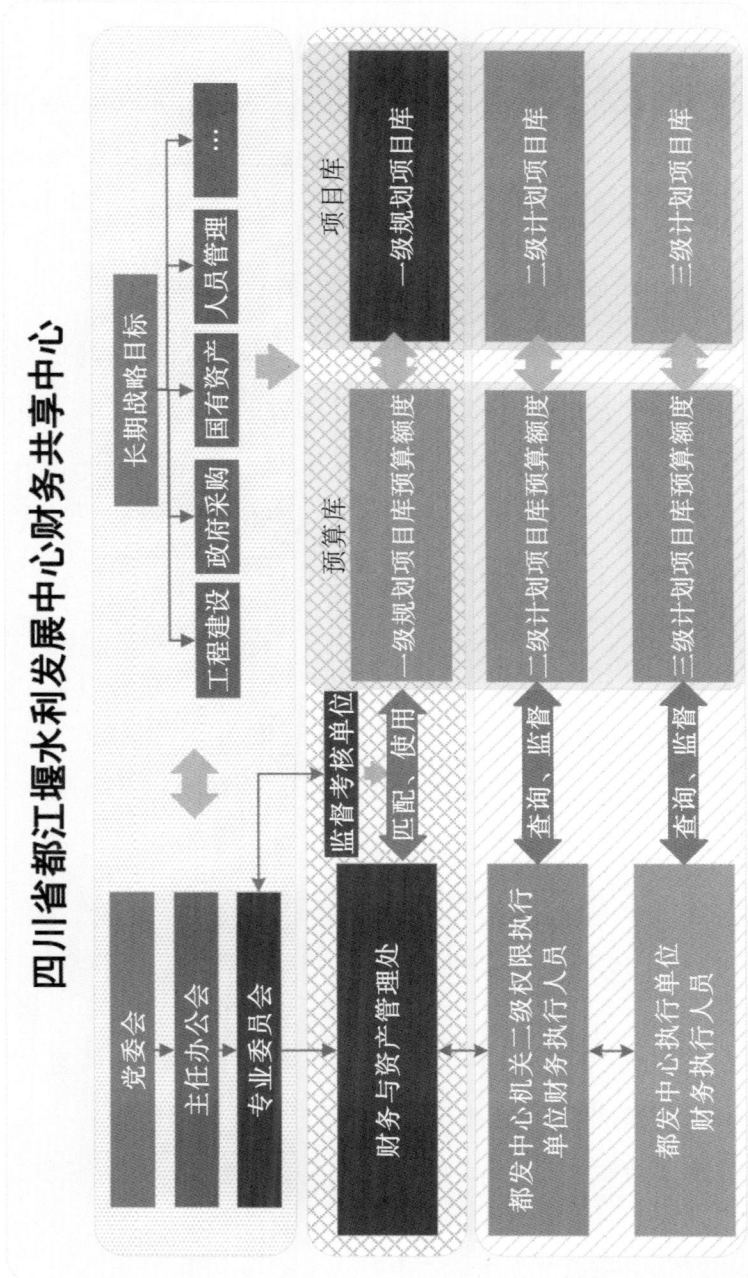

图 3　财务共享中心组织架构

部门对预算资金风险点失控、重要岗位权力制衡缺失、大额资金拨付异常等风险第一时间启动紧急应对控制措施。加强大额资金支付监管，通过系统授权，杜绝各级审批人员越权操作的可能性，并依托信息平台辅助识别潜在的风险点，纠正违规问题，消除预算资金风险隐患。

（四）业财融合平台保障，防范流程表单风险

第一，管理制度化，健全内部规制。内部控制旨在降低都发中心集团化管控中"治理层"与"管理层"之间委托代理关系的履约风险，也包括实现公共受托责任的不确定性，避免出现有关人员由于过度偏重微观价值导致未与都发中心长期利益保持一致的合规风险。因此，通过以上位法律法规解构落地的法治化为引领，将具体法条结合都发中心管理实际，转化为各业务内部控制制度，通过制度条文体现计划、组织、领导和控制四个环节中的分事行权、分岗设权、分级授权、定期轮岗，实现"以制度为章程，以绩效为目标，以监督为手段"的治理理念。具体来说，都发中心各业务管理内部控制制度可在四川省都江堰灌区一体化改革前各项业务管理制度建设情况分析结果的基础上进行修订完善，对标上位政策法规具体条款，弥补制度漏洞，若存在缺失的制度则补充订立。结合都发中心组织架构和管理实际，形成一套适用于包括都发中心一级权限决策单位、二级权限执行单位及其下级执行单位在内的所有单位和岗位人员的六大基本业务内部控制制度。

第二，制度流程化，完善业务程序。在制定完善、合规的内部控制制度的基础上，需进一步通过管理组织设立、内部审计稽核和信息平台整合的方式强化工作流程执行来保障制度实施效果。将制

度文本所强调的目标、原则、职责、内容等规定事项，通过明确具体岗位、权责、流程的方式进行梳理，落实制度要求。具体来说，都发中心各业务管理内部控制制度流程化工作需要明确各项业务在各级权限单位中传递的业务事项标准、涉及审核的归口管理部门以及相应的审核岗位等。分别从立项、执行、结项等方面对各项业务的流程进行设置，有效实现项目管理中心以及财务共享中心对事权、财权的集中管控职能，从流程设置上避免了不同层级或部门的审核顺序错位的流程风险。同时，通过绘制矩阵的形式，明确体现各业务事项在经办执行过程中，相关负责人的审核审批权限以及按照涉及的预算金额大小判断是否需要单位负责人审定，甚至上会审议讨论。

第三，流程标准化，匹配履职责任。为避免在通过制度文本进行业务管理流程化的展示后，仍然存在表述不明或理解存在差异的可能性，都发中心需借助专业人员的力量通过标准化、专业化、体系化的技术手段，根据各项业务审核审批流程，绘制标准的流程图，直观体现业务流转的全要素、全过程，便于业务人员合规履职，并通过节点说明描述各个节点所需进行的操作行为，减少理解偏差的可能性。

第四，标准表单化，实现管控留痕。业务审批表单作为业务执行过程的唯一载体，都发中心内部控制集团化运行时需全面记录机关和各管理处各类业务事项的主要信息、计划所需预算资金额度、业务执行标准、在审核过程中需要同时流转的佐证材料清单，以及从提交申请、经办部门审核、业务部门（项目管理中心）审核、财务部门（财务共享中心）审核、都发中心负责人审批等全部审核及审批意见，并与佐证材料清单中的所有材料共同作为业务凭证进行归档保存。

第五，表单信息化，降低人为干扰。都发中心领导班子通过深度参与内部控制信息化建设顶层设计，完善项目管理中心与财务共享中心在内部控制信息系统中的功能定位与审核权限，落实对项目合规以及资金风险的监督预警职责，有效发挥内部控制集团化转型后各业务审批表单在信息系统的支撑下对都发中心机关本级和各直属单位的事权与财权的全过程监督作用。优化整合并完善各管理处原有 OA 系统、内部控制信息系统以及财务管理系统功能，及时预警项目或资金风险，确保项目、资金管理活动可控制、可追溯、可检查，有效减少人为违规操控风险。主动运用信息化手段，充分发挥财务作为天然数据中心的优势，推动都发中心"双中心"的数字化、智能化转型，实现以核算场景为基础向业务场景为核心转换。具体来说，表单的信息化是业务事项以及各项目预算执行情况的直观体现方式。项目管理中心对都发中心所有项目的立项、执行、结项、评价、监督相关数据进行归口管理，财务共享中心则对都发中心各项目所配置的预算金额使用情况进行归口管理，而内部控制信息系统则集成包括但不限于项目数据以及预算资金数据在内的所有数据，监控各级权限单位的业财融合执行情况，实现业财融合统一管理。同时，系统还将基于现行业务、财务相关数据，结合以前年度业财数据进行合理分析，提示潜在的风险隐患，预测都发中心机关本级和各直属单位当前年度内项目推进和资金使用的发展趋势，辅助相关负责人进行战略方向调整以及预算资金的执行进度把控。

第六，信息智能化，构建数字平台。通过信息化和智能化技术全面实现都发中心内部控制的系统化运行，将强化六大基本业务之间的串联关系，构建以项目为主线、以绩效为导向、以预算为手段、以资金为核心、以采购为机制、以资产为基础、以风控为保障的数字平台，实现对都发中心长期发展战略、中期发展规划、短期发展计划以及年度预算执行情况相关数据的电子化、集成化、智慧化、可视化展现。通过构建政策法规库、绩效指标库、风险指标库、违规信息库，强化信息系统智能预警功能，结合大数据分析、人工智能等技术手段，加强灌区水利事业运行动态、各级权限单位业务和财务等数据变化监测，提高对行业政策变化、监管要求变化的预判能力，同时结合内部控制体系监督评价工作中发现的单位运行缺陷和问题，综合评估都发中心内外部风险水平，有针对性地制定风险应对方案，并根据原有风险的变化情况及应对方案的执行效果，有效做好各级权限单位间风险隔离，防止风险由"点"扩"面"，避免发生系统性、颠覆性重大经营风险以及资源错配风险，辅助相关决策人员进行项目、资金等事项申请的审核审批。

四、内部控制集团化转型预期成效

（一）岗位职责权限健全，干部队伍素质提升

通过强化党建引领和文化建设，营造合规高效履职的良好环境，培养风清气正的团队氛围和健康向上的中心文化，推动各层级人才不断提高政治素质和党性修养，坚守职业操守和道德底线。明确岗位职责权限，逐步解决都发中心各管理处运行不够统一、资金管理体系不够健全、制度执行不够到位、支付管理不够规范、信息化建设相对滞后等问题，有效杜绝重大违纪违法案件的发生。

通过合理设置业务财务人才选拔、培养、使用、管理和储备机制，打造政治过硬、作风优良、履职尽责、专业高效、充满活力的业财兼备的人才队伍，实现管理能力更多元、治理结构更优化，人员配置数量和质量充分适应时代进步、契合都发中心各级权限单位实际需求。科学构建与都发中心高质量绩效目标相匹配的复合型人才能力提升体系，着重增强科学思维能力、创新提效能力、风险管控能力、统筹协调能力、地区经营能力。

（二）业财融合管理实现，战略转型目标达成

在都发中心创新性地借鉴集团企业的管理理念，搭建单位自身内部控制体系的过程中，将通过做到"四个统筹"来实现集团化管控的治理理念变革：

第一，统筹"变"与"不变"。一方面，积极实现财务"变革"需求，从理念、组织、机制、功能手段方面深入阐述"变革"的含义，并将财务数字化建设和业财融合这两项"变革"关键融入其中；另一方面，把握住"不变"的内核，如绩效管控模式、合规管控机制等，指导各级权限单位固根基、扬优势、补短板、强弱项。

第二，统筹"底线"与"高线"。在整体结构上，既注重巩固夯实财务管好钱、算好账的基础作用，也强调业务战略把控、项目执行成效等绩效目标实现规定；在对某项具体职能或体系的阐述上，既注重底线，也强调更高层次要求。如核算报告职能，"底线"是真实准确地反映会计信息，"高线"是依据各类信息输出多维度经营分析报告，支撑战略、支持决策；如立项审批职能，"底线"是项目执行具备可行性以及能够提供一定的社会效益，"高

线"是统筹把控项目是否符合都发中心长期发展战略方向，避免发生方向性错误。

第三，统筹"财务视角"与"大局观念"。一方面，立足财务自身，系统全面阐述构建国内一流财务管理体系的内在逻辑；另一方面，将财务管理放到都发中心改革发展大局中去考虑，主动顺应单位业务治理模式改革、国有资本布局优化和结构调整、科技创新等重大部署要求，更好发挥财务管理功能作用，助力战略目标稳步实现。

第四，统筹"阶段目标"和"战略目标"。一方面，根据都发中心业财融合管理体系现状，分两个阶段提出具体工作目标；另一方面，考虑到业财融合管理体系应是一个能适应各种变化、及时作出调整的动态系统，提出构建业财融合管理能力评价体系，推动都发中心逐步提升业财融合管理水平与内部控制系统化建设完善程度。

（三）风控平台平稳运行，单位绩效监督有力

通过高度重视都发中心项目、资金内部控制管理工作，以确保绩效目标高质量实现、提升预算资金使用效率效果为目标，以强化资金内部控制监督为抓手，以健全都发中心内部控制制度体系为保障，充分落实内部控制部门的合规内部控制监管责任、工作职责与权限，逐一落实上位政策法规要求以及上级主管部门的工作任务，形成内部控制归口管理部门与各业务、纪检与审计等部门运转顺畅、有效监督、相互制衡的风控平台。

都发中心各级权限单位通过每年以规范流程、消除盲区、有效运行为重点，对自身内部控制体系的有效性进行全面自评，客观、

真实、准确揭示单位运营中存在的内部控制缺陷、风险和合规问题，形成自评报告。内部控制领导小组协同纪检与审计处在各级单位全面自评的基础上，制定年度监督评价方案，围绕重点业务、关键环节和重要岗位，组织对各级权限单位内部控制体系有效性进行监督评价，实现每三年覆盖全部决策与执行单位。同时，根据监督评价工作结果，结合国家审计、纪检监察、外部审计的检查结果，进一步规范内部控制体系以及运行过程。

第九章
结　语

　　面对国际经济衰退、国内经济增长缓慢的严峻态势，花钱必
问效、无效必问责的绩效评估机制将极大提升财政资金的使用效
率与效果。同时，事业单位等以财政资金作为主要运行资金来源
的主体，保证资金的使用合规与高效是基本要求。在国有经济高
质量发展和转型升级的现实背景下，各种新技术、新业态、新模
式不断涌现，对作为事业单位有效防范风险、规范权力运行主要
手段的内部控制提出了新的挑战。相比之下，现行的单位内部控
制规范对层级众多、分布较广、业务多样的事业单位主体事权财
权有效分离、业务财务有机融合的内部控制支撑不足，对大数据、
人工智能、区块链等新一代信息技术环境下的内部控制措施强化
不及时，内部控制规范服务经济社会发展的能力亟待增强。这就
要求各层级事业单位持续健全完善内部控制体系，一方面，完善
事业单位内部控制措施，建立以符合各级事业单位个性化需求且
与新技术、新业务相关的内部控制体系；另一方面，加强事业单
位机关本级对各直属单位运行的战略与合规把控，以及对单位预

算、绩效以及财务的一体化监管，更好地发挥内部控制在推进事业单位集团化转型、推进国家治理体系和治理能力现代化过程中的重要支撑作用。

附录
内部控制分析标准

附表

内部控制分析标准

分析内容	基本业务		主要部分		关键环节	
1 控制环境	1-1 发展规划	1-1-1	内部控制建设	1-1-1-1	内部控制建设整体规划	
				1-1-1-2	内部控制建设年度工作计划	
		1-1-2	单位建设	1-1-2-1	单位发展整体规划	
				1-1-2-2	单位发展年度工作计划	
	1-2 组织架构	1-2-1	内部控制组织架构	1-2-1-1	内部控制领导小组	
				1-2-1-2	内部控制工作小组	
				1-2-1-3	内部控制评价监督小组	
		1-2-2	行政组织架构	1-2-2-1	行政组织架构	

续表

分析内容		基本业务		主要部分		关键环节	
1	控制环境	1-3	运行机制	1-3-1	权力配置和运行制约	1-3-1-1	分事行权
						1-3-1-2	分岗设权
						1-3-1-3	分级授权
						1-3-1-4	定期轮岗
						1-3-1-5	专项审计
				1-3-2	决策机制	1-3-2-1	集体决策
		1-4 关键岗位与人员		1-4-1	胜任能力	1-4-1-1	内部控制培训
						1-4-1-2	职业道德教育和业务培训
				1-4-2	退出机制	1-4-2-1	退出机制
				1-4-3	考核奖惩机制	1-4-3-1	考核奖惩机制
		1-5 会计与信息系统		1-5-1	会计系统	1-5-1-1	会计系统
				1-5-2	信息系统	1-5-2-1	信息系统
2	风险评估	2-1	风险评估	2-1-1	风险评估	2-1-1-1	风险评估

续表

分析内容	基本业务		主要部分		关键环节	
3　经济活动	3-1　预决算管理	3-1-1	预算编制	3-1-1-1	财务规划	
				3-1-1-2	项目管理	
				3-1-1-3	预算编制	
		3-1-2	预算执行	3-1-2-1	预算执行	
				3-1-2-2	预算调整	
		3-1-3	决算	3-1-3-1	决算管理	
		3-1-4	绩效管理	3-1-4-1	绩效管理	
	3-2　收入管理	3-2-1	设立和征收管理	3-2-1-1	收入征收	
				3-2-1-2	调整与取消	
		3-2-2	收入预算管理	3-2-2-1	收入预算管理	
		3-2-3	票据管理	3-2-3-1	票据管理	
		3-2-4	资金管理	3-2-4-1	收入使用	
				3-2-4-2	收入退付	
				3-2-4-3	收入核算	

续表

分析内容	基本业务	主要部分	关键环节
3 经济活动	3-3 支出管理	3-3-1 用款计划	3-3-1-1 用款计划编制
			3-3-1-2 用款计划审核
			3-3-1-3 用款计划调整
		3-3-2 预算管理	3-3-2-1 预算管理
			3-3-2-2 绩效管理
		3-3-3 资金支付	3-3-3-1 资金申报与审核
			3-3-3-2 资金分配与下达
			3-3-3-3 资金拨付与使用
			3-3-3-4 资金存放
			3-3-3-5 资金归垫
			3-3-3-6 结转结余
		3-3-4 核算	3-3-4-1 支出核算
		3-3-5 财务报销管理	3-3-5-1 报销
			3-3-5-2 借款
			3-3-5-3 还款

续表

分析内容	基本业务	主要部分		关键环节	
3 经济活动	3-4 采购管理	3-4-1 计划和预算		3-4-1-1	采购计划
				3-4-1-2	预算管理
				3-4-1-3	绩效管理
		3-4-2 采购		3-4-2-1	采购文件编制
				3-4-2-2	委托代理机构
				3-4-2-3	组织形式确定
				3-4-2-4	采购方式确定
				3-4-2-5	选聘评审专家
				3-4-2-6	选择供应商
				3-4-2-7	采购信用
				3-4-2-8	采购合同签订
				3-4-2-9	采购合同履行
		3-4-3 验收		3-4-3-1	采购验收

续表

分析内容	基本业务		主要部分		关键环节
			3-4-4 付款	3-4-4-1	采购付款
	3-4 采购管理		3-4-5 质疑投诉	3-4-5-1	质疑投诉
			3-4-6 归档	3-4-6-1	采购档案管理
			3-5-1 资产配置及使用	3-5-1-1	资产配置
				3-5-1-2	资产使用
			3-5-2 预算管理	3-5-2-1	资产预算管理
3 经济活动				3-5-2-2	资产绩效管理
			3-5-3 资产处置	3-5-3-1	资产处置
	3-5 资产管理		3-5-4 产权登记与产权纠纷处理	3-5-4-1	产权登记
				3-5-4-2	产权纠纷
			3-5-5 资产评估与资产清查	3-5-5-1	资产评估
				3-5-5-2	资产清查
			3-5-6 资产报告	3-5-6-1	资产报告

续表

分析内容		基本业务		主要部分		关键环节
3 经济活动	3-5 资产管理		3-5-7	货币资金管理	3-5-7-1	库存现金管理
					3-5-7-2	银行账户管理
					3-5-7-3	票据管理
					3-5-7-4	印章管理
			3-5-8	对外投资	3-5-8-1	对外投资立项与决策
					3-5-8-2	对外投资执行
					3-5-8-3	对外投资处置
			3-5-9	其他资产	3-5-9-1	应收及预付款管理
	3-6 工程项目管理		3-6-1	灌区规划编制	3-6-1-1	灌区规划编制
			3-6-2	工程项目确立	3-6-2-1	可行性研究
			3-6-3	工程项目设计及概预算	3-6-3-1	初步设计
					3-6-3-2	项目概算
					3-6-3-3	施工图设计
					3-6-3-4	项目预算

续表

分析内容	基本业务	主要部分	关键环节	
3 经济活动	3-6 工程项目管理	3-6-4 工程项目实施与监督	招标管理	3-6-4-1
			工程监理	3-6-4-2
			合同管理	3-6-4-3
			工程施工	3-6-4-4
			工程变更	3-6-4-5
			工程质量控制体系	3-6-4-6
			安全责任体系	3-6-4-7
			档案管理	3-6-4-8
		3-6-5 资金管理	资金筹集	3-6-5-1
			工程款支付	3-6-5-2
		3-6-6 竣工验收和后评价	竣工验收	3-6-6-1
			竣工决算	3-6-6-2
			资产移交	3-6-6-3
			绩效管理	3-6-6-4

续表

分析内容	基本业务	主要部分	关键环节	
3　经济活动	3-7　合同管理	3-7-1　合同订立	3-7-1-1	履约能力调查
			3-7-1-2	合同谈判
			3-7-1-3	合同起草
			3-7-1-4	合同审核
			3-7-1-5	合同备案
			3-7-1-6	合同订立
			3-7-1-7	合同印章管理
		3-7-2　合同履行	3-7-2-1	合同履行
			3-7-2-2	合同变更、转让与解除
			3-7-2-3	合同验收
			3-7-2-4	合同价款支付
			3-7-2-5	合同纠纷处理
			3-7-2-6	风险及权益归属

续表

分析内容	基本业务	主要部分	关键环节
3 经济活动	3-7 合同管理	3-7-3 合同归档	3-7-3-1 合同信息安全保密
			3-7-3-2 合同登记管理
			3-7-3-3 合同归档与保管
4 评价与监督	4-1 评价	4-1-1 内部控制评价	4-1-1-1 内部控制评价
	4-2 监督	4-2-1 内部监督	4-2-1-1 内部审计
			4-2-1-2 内部巡视
	4-3 结果应用	4-3-1 结果应用	4-3-1-1 完善内部管理制度的依据
			4-3-1-2 监督同责的重要参考依据
			4-3-1-3 领导干部选拔任用的参考
5 信息与沟通	5-1 信息公开	5-1-1 内部公开	5-1-1-1 内部公开
		5-1-2 外部公开	5-1-2-1 外部公开